大正製薬 上原正吉とその妻小枝《さえ》

仕事は常識を疑うことから始まる

仲俊二郎

栄光出版社

大正製薬上原正吉とその妻小枝

目次

大正製薬
上原正吉とその妻小枝《さえ》
―仕事は常識を疑うことから始まる―

1　商売開眼

高度経済成長で沸く昭和の日本に妙な一組の夫婦がいた。一人は明治に生まれ、大正、昭和の商売道を懸命に駆け抜けた。そしてもう一人も同じく明治に生まれ、大正、昭和を夫と二人三脚でひたすら疾駆《しっく》し、大正製薬を今日の姿にまで育て上げた億万長者、上原正吉とその妻小枝《さえ》夫婦がそれである。社員総勢七名であった会社が、今や多くの社員たちが働く大企業に成長している。

昭和三十九年（一九六四）と同四十年、四十一年の全国高額所得者番付で上原正吉は、松下電器産業創業者（現パナソニック）で会長の松下幸之助を押さえて三年連続トップの座についた。以後、何年ものあいだ上位に君臨し、長者の位置を不動にした。

妙な、というのはその生活態度のことである。うなるほどの金を持ちながら、夫婦の生活は実に質素で地味だった。およそ金持ちらしくない。徹底的に奢侈《しゃし》を排除した。排除したというより、嫌《きら》ったのだ。贅沢《ぜいたく》が大嫌いなのである。ある意味、変わっていた。

正吉は運をまかすような賭け事には興味がない。パチンコ、競輪、競馬をやったことがない。酒が飲めないので客との宴会も嫌いだ。できれば出たくない。高級料亭の料理よりは、妻の小枝が台所でコトコト作る手料理の方がよっぽどうまいと思っている。似たもの夫婦とでもいうのか、小枝も宝石の装飾品やダイヤなどの指輪を身につけることはない。持ちたいとも思わなかった。

かといって、夫婦がケチというのではない。その証拠に惜しげもなく寄付をしている。一九六三年、正吉の郷里である埼玉県北葛飾郡杉戸町に千人収容の集会所「上原会館」を建てて贈っている。また一九八一年には靖国神社に現金十億円を奉納した。それ以外にも杉戸町の中央神社本殿と拝殿を新築して奉納したり、静岡県下田市にある日照山向陽寺の改築献納、その他、数々の神社への奉納をしている。当時はまだ個人の大口寄付は珍しく、そんななかでの社会還元だ。気負いのない当たり前のような気分で実行するところに、正吉の謙虚な性格が滲み出ていた。

だが趣味はある。むしろ多いほどある。忙中閑のなか正吉は庭で花を育てるのに一時、時間を忘れるのだ。歌も結構上手でカラオケにはまっている。また目まぐるしい出張は旅行の気分を楽しませてくれる。

まだある。夜、風呂上がりのちょっとした時に正吉は小枝に声をかけたものだ。

「どうだい。一番、指そうか」

将棋である。正吉の最も古い趣味は実は将棋なのだ。これは幼年時代からの年季が入っていて、相当に強い。一方、小枝も女だてらに幼少の頃から将棋がめっぽう強かった。偶然の所作とはいえ、互いに見知らぬ頃から将棋の趣味まで同じだったというのは不思議な思いを抱かせる。

このように趣味は多いが、どれもこれもが平凡かつ庶民的で、率直に言って、実に安上がりである。番付長者の趣味とよぶには気恥ずかしささえ覚える。だが正吉に違和感はない。見栄とか虚栄心は心の片隅にもなく、ひたすら勤勉に生き続けることだけに生甲斐を見出してきた人物だった。何十年と根気よく続けたその禁欲的勤勉と誠実の所作が、結果として番付長者を生んだのである。

「私が現在までの自分を顧みて、つくづく感じることは、幸運だったナ——ということである」

後年、正吉はそう語っている。しかしこれを鵜呑みにするのは誤りだ。正吉の謙虚さがそう言わせたに過ぎない。それは人生の目標としての商売という天職に真正面からぶつかり、智恵の限りを振り絞り、働きに働いたその意思の強さと実行力が結実したと考えるべきだろう。この禁欲的な職業倫理、つまりエートスこそが、上原正吉を昭和の成功者へと導いた原動力なのだった。

一方、小枝はそんな正吉の偉大な補佐役であった。大を成した巨匠にはいつも信頼できる補佐役の存在が欠かせない。

松下電器産業の松下幸之助には井植歳男（後に三洋電機製作所を創業）がいた。井植が戦後、ＧＨＱ（連合国軍総司令部）の公職追放令を受けて辞任してからは、高橋荒太郎が補佐をした。ソニーの創業者井深大には盛田昭夫、その盛田が社長になってからは大賀典雄、本田技研工業創業者の本田宗一郎には藤沢武夫、森永製菓創業者の森永太一郎には松崎昭雄らが補佐役を務め、会社を成功に導いている。

話は明治の時代にさかのぼる。

場所は埼玉県の田宮村（現杉戸町）である。古くは日光街道の宿場町として栄えた。江戸川や中川、元荒川の流域にあたり、水田地帯としても名高い。冬になると、稲刈りの終わった田んぼが延々と続き、その乾いた株跡を雀の群がくちばしでしきりに突く。上州名物の空っ風が吹き荒れるなか、その東方の地平線の遠くに、筑波山の頂の青みがかった淡い稜線が、澄んだ空を背にして寒そうに小さく突き出ている。

明治三十年（一八九七）の暮れも押し迫った十二月二十六日、正吉はこの田宮村の地に父善右衛門の六男として生まれた。末っ子である。代々、学者肌の家系で、善右衛門は計数に明るく、農業と木綿《もめん》つむぎ糸の仲買業のかたわら小学校で算数を教えていた。

正吉も父の血を引き継いだのだろう。小学校へ進むと、勉強がずば抜けてでき、いつも首席である。とりわけ算数の能力には教師も舌を巻いた。ただ、いたずら好きとやんちゃぶりに、周りはかなり手を焼いたという。しかしそれにはわけがあった。

正吉が四歳の夏、母が腸チフスで急逝した。そして父もその一年後の夏に同じ病気で亡くなったのだ。親の愛情に甘えたい幼少期にいきなり孤独を強いられ、その満たされない気持ちを、勢い外での腕白行為で発散させようとした節がある。しかしいじけたところはない。成績はいつも首席だが、腕白な素行がもとで、学級長になったことはない。

もっとも正吉自身、後年、親の愛情に接することができなかったことが、自分の性格形成に影響を与えたことはなかったと述懐《じゅっかい》している。だがそれは本人が意識していなかっただけのことだろう。母親の母性愛を知らなかったということは、無意識のうちに正吉の胸深くにその憧憬《どうけい》を醸成していたと考えられる。

田舎も都会も含め、当時、世間は日露戦争後の高揚した気分で満ちていた。日本海軍がロシアのバルチック艦隊を撃滅《げきめつ》した自信は、国民をいっそう愛国的にし、一方、ヨーロッパではドイツとイギリスの対立がますます深まり、第一次世界大戦の足音が刻一刻と近づいていた。

そんななか正吉は小学校卒業後、高等小学校へ進み、十三歳の二年生の時にたまたま受けた埼玉県の小学校准教員試験に合格して、免許状を手にした。だが教員になる気はなく、その頃から次兄の寛が営む高熊呉服店に同居して、学校へ通うかたわら店の手伝いをしている。手伝いといっても、正規の店員と同じ仕事をまかされた。忙しくはあるが、それは楽しい忙しさだ。まるで芝居の舞台が転回したように、急に目の前の世界が変わった気がした。まだ漠然とながらも、薄い霧の向こうに商売という新世界が開けているのを敏感に嗅ぎとった。これがその後、正吉が商人道へ踏み出す背押しになるとは誰が予測しただろうか。

売るにあたって先ず正吉は、客の購買心理に興味を抱いた。店頭で反物《たんもの》を眺める女性客の行動をそれとなく観察した。いろいろ手にとっては並べ、迷っている。正吉はそ知らぬふりをしてその視線を追い、じっと様子を見、そしてやがて納得するのである。

（やはりな……）

皆が皆、だいたい同じ行動パターンなのだ。客はいろんな反物に目移りはしているが、そのなかのどれか一つに惹《ひ》かれ、執着しているのが目の色でわかる。それを見届けると、正吉はすっと近づき、それを手にとって勧めるというわけだ。客はたいてい買ってくれ、この瞬間が少年の正吉にとってはこたえられない快感となる。そのたびに商売の駆け引きへの興味が深まるのであった。

高熊呉服店で、高等小学校を首席で卒業すると、正吉は考え込んだ。

（さて、これからどうしようか）

将来のことだ。何になるかだが、百姓は考えたこともないし、若者が憧れる海軍兵学校や陸軍士官学校などの軍人にも興味がない。人を殺す戦争というのは性に合わないし、嫌いである。学者や官僚も魅力がない。読書は何よりも好きで、小説家には憧れを抱いてはいるけれど、兄に諌《いさ》められて諦めた。

（それなら商人か……）

それが一番かもしれぬ。やはり商売の世界が自分に似合うと正吉は考えた。だがこのまま高熊の店でやっていく気はない。兄の店だからというのではなく、将来性がないと見切っていた。小売ではなく、同じやるならその大本《おおもと》の卸商でなければと思った。店には東京の卸問屋の番頭たちが絶えずやってきて、次兄とやりとりをしているが、その立ち話から正吉なりにそう判断したのだった。

商売といっても、皆目あてがないし、それにいきなりやり出すのではなく、もっと商売に役立つ学問を身につける必要がある。徒手空拳《としゅくうけん》でやみくもに走り出すのは考えものだ。そのためにも先ず兄で五男の孝助がいる東京で厄介になろうと考えた。

商売というものも、今のような丁稚《でっち》奉公的なやり方では限界があると思っている。先輩の技を盗んだり、見よう見まねの手探りで習得するのではなく、しっかりした知識や原則を学んだ上で、合理的精神で商いの世界に立ち向かわねばならぬ。そうでなければ大きな成功はできないだろう。そんな思いがますます正吉の気持ちを東京へ駆り立てたのだった。今、振り返ってみると、まだ十五歳に過ぎない少年が当時の前近代的な商慣習に批判のメスを入れ、近代的な商戦法に目を向けたという先見性には驚かざるを得ない。

兄の孝助は入谷で小さな土木請負の会社を経営していた。いきなり訪ねてきた正吉に驚いたが、訳を聞き、会社の手伝いをすることを条件に快く受け入れた。仕事は滅法忙しく、会社雑用を正吉が一手に引き受けることとなる。朝から晩まで息つく暇もなく走り回った。そんななかでも何とか時間を見つけ、どこの学校へ行くか情報を集めた。

もちろん商売の基本知識を教えてくれる商業学校に絞っている。幸い歴史もあって教育方針も確かな学校をみつけた。神田にある錦城商業学校（現錦城学園高等学校）である。会社からもそれほど遠くはない。試験の勉強をしていない不安もあるが、三年生の編入試験を受けたところ合格し、昼間、通うこととなる。

だが思うようにはいかないものだ。仕事の忙しさにはますます拍車がかかった。雑用以外にも、資材を積んだ重い荷車を引いて現場へ行ったり、月末には客の集金をして回るなど、兄の片腕となってへとへとになるまで働いた。

簿記や英語など、新しい知識を吸収する楽しさも、忙しさのためにその機会が減ってくる。連続して学校へ通ったのは最初の一週間ほどで、そのうち三日に一度になり、やがて一週間に一度の日もたびたびとなった。

それでも正吉は睡眠を削り、学校へ行けなかった分を家で明け方近くまで自習した。寸暇をみつけては学校へ駆けつけるという状態で、体の疲労を知識への好奇心で乗り切る毎日だった。

そんな正吉の苦闘をよそに、世間の空気は明るく、景気は目に見える形で上向いていた。大正三年（一九一四）にヨーロッパで第一次世界大戦が勃発し、日本も一ヵ月遅れでドイツに宣戦布告をしたのだが、各国から大量の軍需品を受注して、経済は活況を呈していた。そのお陰で孝助の会社も忙しく、その分、正吉の学校通いはますます困難になった。

正吉は我慢強い。こうと決めたら最後まで頑張りぬく根性がある。負けてなるものかと、つい眠りそうになる体に鞭を打ち、睡眠を極限まで犠牲にして勉強を続けた。そしてとうとう卒業試験の行われる三月がやってきた。

自信はまったくなかった。休んだ分は自習したつもりだが、果たしてどこまで通用するのか。だが三年間の苦労を無にしたくないという思いをありったけ答案用紙にぶつけた。それから数日が過ぎ、待ちに待った発表の日がきた。見に行くのは恐かったが、着物姿の仕事着のまま足早に学校へ急いだ。

黒山のような大勢の生徒の後ろから、早鐘と化した胸の動悸を抑えながら、恐る恐る背を伸ばして覗いてみた。墨で書かれた名前のなかに上原正吉の名が見えた。一瞬、くらっと目まいがした。見間違いではないのかと、もう一度確かめたあと、静かな喜びが湧き上がってきた。長くもあり、短くもあった三年間が、つらかった記憶の断片を次々に映し出しながら脳裏を駆けぬけた。

錦城商業を卒業してからもしばらくの間、孝助の会社にいたが、実は息が苦しく体が極度に衰弱していたのだ。激しい動悸が何の前触れもなく胸を打ち、脈拍も早くなる。鏡を見ると、そこには生気のない青白い顔が他人のように映っている。無理がたたったのに違いない。

正吉は理屈好きな考え深い性格である。兄弟に話すと心配をかけるので、自分の胸のうちにしまい、素人考えながら病状を分析した。医学本などから、どうも肺結核ではないかと診断している。

しかし十八歳になるのをきっかけに、身体のこともあり以前厄介になった次兄の高熊呉服店へ住み込むことにした。昔とったキネヅカではないが、再び反物の売り子になった。店頭に出て客と応対していると、それはそれで一時の気分転換になり、病気のことを忘れるのだ。昼間はいいけれど、夜が来るのが嫌だった。時間ができた分、どうしても体のことに考えが行ってしまうのだ。心悸は昂進し、今では胸の異常感は慢性的になっている。それに目も悪くなってきた感じがしてならない。

(もうこの体もあまり長持ちしないかもしれないな)

痩せた胸や肩のあたりをさすりながら、ふとそんなことを考えてしまう。医者にもこっそりと行ってみた。結核とは診断されないが、何種類かの薬をもらっても、一向に効く気配がない。やはり医者にも分らないほどの重い肺の病ではないのか。そうとしか考えられない。

布団のなかで目をつむりながら、死というものについて考えている時間が多くなった。だが不思議なことに、恐怖は覚えなかった。死が恐いとは思わない。早晩《そうばん》来るべき運命が、一足早く来るだけではないか。父や母にも会える楽しみがある。そんな達観した思いが正吉の脳裏を行きつ戻りつするのだった。

愉快な少年時代のことが思い出される。勉学もやれるだけやった。錦城商業での授業にはあまり出席できなかったが、新しい知識に遭遇できた歓びはその悔しさをはるかに凌駕《りょうが》した。生を得るために苦しむよりは、むしろ死を得て安楽を得るのも一法ではないか。思い残すことはないと言えば嘘になるけれど、十八年の歳月以上のものを生きたと、何の気負いもなく思った。

当時の日本では今日とは違い、腸チフスや肺炎、肺結核で死ぬのは珍しくなく、いつ自分の身に降りかかってもおかしくはないと考えていた。ただそうは言うものの、十八歳でのこの諦観《ていかん》は正吉の尋常ではない心の強さを思わせる。病気から回復後、その強さで後に商売道を猛進するのだが、若い時分に生死をさ迷ったこの経験は、よりいっそう正吉を強く仕立てあげたと言えるだろう。この苦難を切り抜けたという自信は、無形とはいえ、上原正吉にとっての最大の財産になったと言って過言ではない。修羅場というものは、それが肉体的であれ精神的であれ、人間を鍛える最大の道場なのである。

しかしこんな時でも正吉は感情の深みに沈みこまず、理性的だった。病気のことを忘れようと、昼間は仕事に精を出し、体と頭を動かした。病気のことは夜になってから考えればいいと、自分なりに理屈で整理している。

理性的というのはこういうことだ。製品としての反物と、その原料である蚕《かいこ》がつむぎ出す繭《まゆ》、そして蚕のエサとなる桑の葉との関係を見て、商売の重要な原理を導き出していた。つまり価格というものは需要と供給の関係で決まるという法則を、身近に発見し、確かめたのだった。

当時、戦争景気をあてこんで、多くの養蚕《ようさん》農家が繭は高くなるだろうと予想し、たくさんの蚕を飼育した。その結果、多くの繭が供給され、大量の反物が製造された。当然のことながら反物は売れ残って価格が下がり、在庫があふれかえった。ところが今度は増えた蚕に食べさせる桑が足りなくなって桑の価格が急騰し、そのために繭の数も減ってしまい、反物の原料が高騰する結果となった。一方、製品の反物はまだまだ大量に倉庫にだぶついていて、下がったままなのである。つまり原料が跳ね上がったのに製品は安いままという逆転現象が起こっていた。製品供給が需要を上回ったからである。

商売とはこういうものかと、正吉はまた一つ勉強したと思った。顧客の販売心理を観察したり、景気の動きをうまく読むことで、新しいやり方の商売の世界が開けそうな予感を抱いた。

このようにこの頃の正吉は死に向かい合った冷めた感情と、商売という未来への希望との両端を行ったり来たりしていた。ところがこの行ったり来たりは、或る時を境に解消に向かいはじめる。改めて数軒の医者で診てもらったところ、やはり肺結核ではないと診断され、ようやく自分でもそう思うようになった。そして忙しく店の仕事で走り回っているうち、いつの間にか胸の動悸も小康状態となり、病人然とした青白い面相にも次第に元気な血色が浮かぶようになった。

しかしまだ完全回復とはいかず、胃弱や眼病、耳炎、鼻炎、皮膚炎と、いろんな病気を抱えたままだが、現金なもので、正吉に徐々にヤル気が湧き出てきた。そうなると、遠い先の向こうのその又向こうにあった希望の灯がちらつき始めた。そしてそれは前向きの焦《あせ》りをよんだ。この故郷での一年が急に無意味なものに思えてきたのである。

（病気なんかに負けておれないぞ）

今年こそ都会へ出て働き、たとえ一歩でもいいから成功への階段を上らねばならない。そう自分に言い聞かせ、はっぱをかけた。

そんな折、親戚の岩上新兵ヱという人から、彼の友人がやろうとしている薬局の小僧になったらどうかと勧められた。正吉は高熊呉服店を辞めるいい口実にもなるので、その話に飛び乗り、早速、岩上宅を訪れた。

岩上は正吉を親切に奥の部屋へ迎え入れ、茶菓子をすすめながら、夫婦で丁稚奉公の要諦《ようてい》、つまり辛抱の大切さをこんこんと説いた。

「成功というのはな正吉。何も難しいことじゃない。ただ、ひと所で永く勤めて、辛抱し我慢をすることだ」

と言い、下駄屋の誰々は二十八まで勤めて五百円の金を貯めたとか、酒屋に奉公した誰々は熱心に働き辛抱した甲斐があって生活が安定したとか、正吉の将来を思って親身《しんみ》に説いて聞かせる。

聞きながら正吉はかしこまった面持ちの内側で、辛抱こそが人間成功の要諦《ようてい》だとする考えに、とてもついて行けないと思った。確かにこれらの人たちはどうにか飯くらいは食べられるようになっているようだが、自分の目標はもっともっと高いところにある。笑われるかもしれないが、同じやるなら大成功した財閥の安田や大倉、森村などを目指したい。彼らは皆、三十の歳まで主人の庇護のもとで飯を食ってはいなかった。若くして独立している。

話に深入りせぬまま、感謝の言葉を残して岩上宅を辞した。岩上新兵ヱに会ってよかったと思った。お陰で自分の望んでいることがはっきりした。

上原正吉、この名をして財界の一勢力たらしめんとしようではないか。不相応な野心だが、だからこそやり甲斐があろうというものだ。一度は諦めた命だし、肺結核ではないと分かった以上、多少の体の不調など構ってはいられぬ。死に物狂いでやってみるのも悪くはない。

そう結論づけた正吉は時をおかず、はやる心で再び東京へ出た。

2　住み込み店員を志願

いよいよ東京へ出ての職探しである。

兄の孝助に事情を話し、しばらく家に置いてもらうことにした。どんな業種の仕事にするかだが、これといった明確なアテがあるわけではない。どれでもいいのだが、岩上新兵ェから勧められた薬剤師のことが妙に頭の奥に残っている。とりあえずは新聞広告に目を走らせたり、職業紹介業の口入れ屋を訪ね歩いた。

戦争景気はまだ続いていた。頭脳と覇気を備えた正吉なら、一流会社は別として、その気になれば就職するのはさほど困難なことではなかった。だが正吉は慎重だった。飛びつくことはしない。どの業種にするか、どの会社にするか。いやいや、それも大事だが、もっと重要なのは経営者の能力と人柄ではないのか。

そんなことを自問しながら、これはと思う会社や薬局の門をたたき、主人の面接を受けた。中規模の会社もあれば小さな会社もあった。岩上新兵ェの影響で、自然と薬業関係が多くなっている。先方から明日にでも来てほしいと言われたり、或いは給料がよかったりしても、こちらから断った。事業の将来性を見い出せなかったり、経営者の人柄が悪かったりで、なかなか正吉は気に入らないのである。

　逆面接とでもいうのか、相手に面接されるのではなく、何と正吉の方が雇い主を面接している。その人物を見極め、会社の将来性を査定してかかるのである。それほど今回の就職に命をかけていた。納得がいくまでは決して会社を決めない覚悟で臨んでいる。一応、主人の前でかしこまってはいても、正吉の目と頭はフル回転していたのだった。

（やはりここもダメか……）

　もうこれで十四、五軒は訪れている。歩き疲れて足が棒になった。ほんのりと色づいたお堀端の桜を気のない目で見やりながら、この日の最後の訪問先に向かった。経理事務員の募集である。紙片に書いた略図と住所を頼りに市ヶ谷に向かって歩いていくと、それらしいしもたや風の家の前に出た。

「石井薬品商会」という看板と、「大正製薬所」という木製の標札が並んでかかっている。小さな会社である。自転車が二台、停めてある。
　二、三度、前を通り過ぎ、中の様子をうかがった。暗くてよく見えない。内に向かって元気よく声をかけた。
「今日は」

応答がないので店の中へ足を踏み入れ、所員募集を知ってうかがったことを声高に告げた。若い小僧が奥から顔をのぞかせ、ちらりと正吉を見た。風体を確かめるような横目を投げかけたあと、また奥に向かい、

「旦那《だんな》、所員の応募者が来られましたよ」

と事務的に伝えた。正吉は咄嗟に幻滅《げんめつ》を味わった。旦那だなんて、丁稚奉公的な暗さが頭をよぎった。期待できそうにないかもしれない。

またここもバツかなと思いながら待っていると、旦那と呼ばれた男が出てきた。おやっと思った。年寄りかと思ったら意外に若く、がっしりした体格の若い男である。張りのある声で、石井絹治郎ですと挨拶した。釣り上がり気味の太い眉毛と大きな鼻、それを支えるかのような厚い唇が、ざっくばらんで磊落《らいらく》な雰囲気を無雑作に放っている。

後ろの応接室へ通され、すぐに面接がはじまった。正吉は前口上の挨拶を述べ、履歴書を渡した。相手はさっと斜め読みしたあと、いきなり聴いてきた。

「ところで、もう何社くらい回りましたか」

正吉は虚を突かれたが、正直に十四、五社と答えた。どうせここも気が進まない感じがしたので、それならばと、あけすけに言いたい衝動に駆られた。

「どれも行く気がしなかったんです。私の方からお断りしました」

「ほう。それはまたなぜですか」

「生意気なことを申すようですが、経営のやり方が古くて、とても発展するような気がしませんでした」

「ははは。元気のいい人だ。じゃあ、当社はどうでしょうかな。ざっと見渡して……」

正吉は悪乗りするのを抑えられず、

「何だか丁稚奉公の旧態依然のような気がします。さっき所長のことを『旦那』と呼んでおられましたよね」

「なるほど、旦那、か……。でも私はまだ二十八歳なんだよ。いやはや、のっけから一本取られましたな」

と言って、頭をかき、

「そこまでおっしゃるなら、薬業のことは相当、調べているんでしょうね。じゃあ、一つ聴くけど、漢方薬と洋薬とは、どちらが伸びると思いますか」

「同じ薬ですから、どちらも効くと思います。でもよくは知りません。だからこそ今日、御社のことを詳しくお聞きしたくて、参っているのです」

率直な受け答えに、石井は思わず苦笑した。だがその笑いには好意的な明るさが垣間見える。又、「なるほど」と小さくうなずいて、ちょっと立ち上がって部屋を出、パンフレットを持ってきて正吉に渡した。簡単な会社案内だった。

石井の説明によると、自分は香川県三豊郡の出身だが、上京して薬剤師の資格をとった。最初は牛込に小さな薬局を開き、その後、ちょうど四年前に現在の市ヶ谷に移って「大正製薬所」を設立したのだと言う。

世間ではまだまだ草根木皮からとる漢方薬が愛用されているが、いずれ洋薬がそれにとって変わると自分は睨んだ。これは一か八かの賭けではなく、欧米の動きを見れば疑う余地はない。そしてその狙いは今のところ当たっている。所員は男五人、女子工員（今日では不快語であるが、当時は使われた）二人の七人に過ぎないが、今、製造している「体素」や「児強剤」、「女神」など、着実に売上が増えてきているという。そして「体素」と印字された滋養強壮剤の薬袋を手にし、正吉を睨むように見た。

「これはヘモグロビンが主体なんだ。私はね、国民病と言われている脚気や結核を少しでも減らしたい。皆にこれを飲んでもらい、体力を増強してほしい。そう願って、日々、頑張っている……」

正吉はいつの間にか石井の話に引き込まれているのに気がついた。自分のような若造の生意気な言葉を鷹揚《おうよう》に受け止め、会社説明にも気軽に応じ、いかにも青年という熱っぽさで語ってくれている。その包容力の広さと飾らない人柄に一方的に魅力を覚えた。

しかしそれ以上に、事業の先を見通そうとする石井の情熱に、これまで会った主人にはない経営者としての資質を見い出し、ようやく意中の会社にめぐり合えた喜びを噛みしめた。製造業というのも、頭に描いていた卸商とは違い、何か新鮮な魅力がある。この会社に決めようと思った。

「有難うございます。お話はよく分りました。まだ薬のことはまったくの素人で判断がつきません。でも洋薬の将来性について所長の言葉を信じたいと思います。ぜひ御社で働かせていただけませんでしょうか」

「おやおや、いいんですか。そんなに即決して……。それに大正製薬所はちっぽけな会社ですよ」

何だかおかしな具合である。まるで押しかけ女房のような雰囲気になった。足元を見られ、給料などの条件を値切られるかもしれないという不安がもたげた。が、たとえ安くても構わないという思いの方が強かった。

石井はちょっと目をつむったあと、「いいでしょう」と言って、思いがけない高給を提示した。

「月給は十五円あげましょう。住み込みでいいですか」

正吉は一瞬、言葉を呑んだ。住み込みで十五円もくれるとは破格の待遇である。値切られるなんて、卑《いや》しい心を抱いた自分が恥ずかしかった。

早速、翌日から働くことになり、入谷の兄、孝助に報告して了承を得た。その夜は赤飯を炊いて祝ってくれた。翌朝、兄の激励の言葉を背に、正吉は身の回り品を二つの風呂敷に包み、足取りも軽く弾む心で市ヶ谷への一歩、そして社会人への一歩を踏み出した。時に十八歳の大正五年（一九一六）四月一日のことであった。


当時のサラリーマンは今日とは違い、店員であれ工員であれ、住み込みが多かった。主人一家と一つ屋根の下で暮らし、同じ釜の飯を食べ、同じ職場で働き、また同じところへ帰り、寝るのである。それが三百六十五日繰り返される。プライバシーのない一個の大家族という感じであった。

正吉自身、これまでずっと兄たちの家に同居していた経験と、石井所長の人柄の良さもあり、まったく違和感なしに生活に溶け込んだ。正吉の提案で、会社では石井のことを「旦那」ではなく、「所長」と呼ぶようになった。

製造会社といっても名ばかりで、およそ工場のイメージとはほど遠い。実質、手作業の内職的な「仕事場」といった感じである。狭い場所に二人の女子工員がいて、脇に置いてある粉末の薬を紙に包み、それを二日分ずつ分けて紙袋に詰めて、最後にそれへ収入印紙を貼ると出来上がりだ。それを男の所員が小分けにまとめ、町の薬局や薬店へ売りに行ったり、問屋に卸したり、或いは小包にして地方へ発送するのである。皆、忙しく立ち働いている。石井所長が言った通り、商売は順調のようだ。

最初は薬局と薬店の区別も分らなかった。薬局には薬剤師が常駐して調剤室があり、医療用薬品とあわせ一般薬品も販売できる。一方、薬店は常駐薬剤師と調剤室をもたず、一般医薬品を販売し、特定条件を満たせば医療用医薬品も売れるのだ。ただそれほど厳密に運用されていない風潮のようで、何もかもが勉強である。

とりわけこの製造工程の光景は正吉の眼を釘付けにした。一ヵ月ほど観察していたのだが、反物販売での経験を思い出しながら、

（小売りや卸売りとはまったく違った商売がここにある）

と思った。この光景を通じ、不本意にも最初はこれまで持っていた商売についての理解が混乱し、落ち着かなかったが、そのうちその混乱の中から何かが見えてきた感じがした。

小売りや卸売りの利益は、相手との駆け引きや、需要と供給の関係から生み出される。だから儲けの多寡《たか》は或る意味、自力でのコントロールが難しく、運次第と言っても過言ではない。これは経験で知っている。

ところが、この「体素」や「児強剤」や「女神」などは、駆け引きとか需給関係だけから

ではなく、女子工員による製造過程からも利益を生み出している。たった二人ではあっても、彼らも立派な稼ぎ手なのだ。もしこの工程の原価を効率化して下げれば、もっと利益が増えるに違いない。しかも量が増えれば増えるほど利益額は増加する。これが製造業というものなのか。正吉はこれまでの頭の中が洗濯されたような新鮮さを覚え、同時に爽やかな希望の風が吹きはじめるのを感じた。

(知恵次第ではこの事業は伸びるかも知れないぞ)

そう考えた。製造業は無限の未来を秘めていそうだ。この薬業を天職に定めるのに迷いはないと思った。

話は少し飛躍するが、いや、大いに飛躍するのだが、この正吉の理解は、いわゆるマルクス経済学の主題である「価値」についての、おぼろげな気づきと言っても大袈裟ではない。彼の分析力の鋭さがうかがわれる一事といえる。

「流通過程」と「製造過程」を区別し、流通では客との駆け引きで利益を期待するよりも、むしろ販売増を目指し、利益はコストダウンによる製造過程で生み出す。そんな考えを漠然とながらも抱いた。薬を包む作業を見ながら、「価値」という主題の輪郭に無意識のうちに接近したのだった。

カール・マルクスはユダヤ系ドイツ人の経済学者、哲学者で、一八六七年、つまりこの時点より五十年ほど前に「資本論第一巻」を刊行し、冒頭で「商品」の「価値」について分析をしている。唯物史観による労働価値説をとり、機械や資本ではなく、人間の「労働」こそが商品の「価値」を生み出すというのだ。正吉が大正製薬所に入った頃に資本論を知っていたとは考えられないが、直感的にとはいえ、独自の観察眼でこの労働という製造過程に着目したのは驚きである。

ともかく正吉は子供の頃から「考える」のが好きだった。彼が強かった将棋は正にその「考える」行為の凝縮したゲームであるし、また常に目の前の社会現象や慣行を観察して、原理や原則を導き出すのが得意であった。後に大正製薬所の大阪支店長、或いは本社営業部長になったとき、この観察能力をフルに発揮して顧客分析をし、独自のマーケティング手法を確立して業績を上げている。

さて、正吉の仕事だが、商業学校を出ているからということで、帳簿つけを主体とした事務全般を命ぜられた。研究熱心なこともあり、ベテラン並みのレベルに達するのに時間はかからなかった。まもなく原材料の買い付けや商品出荷管理なども加わり、時には近所から大八車を借りてきて、荷物を地方へ発送するために最寄りの飯田町駅まで運ぶこともある。どれもこれも自発的に人の手伝いをし、どんどん仕事を覚えていった。

いくら規模が小さくても、会社である以上、製造、販売、管理と、一応、経営のワンサイクルの全機能が揃っている。半年もしないうちに製薬経営の基本をマスターした気分になった。そして薬業界の全般についても、表面的ではあるが、ざっと鳥瞰《ちょうかん》できた。それらの情報を総合し、業界における自社の立ち位置を見、どうすれば会社を発展させられるかについて考える日々が続いた。

先ず製造については当面、問題はなかろうと思っている。この程度の製品なら、女子工員を数名増やせばいつでも増産は可能である。まだ技術の難易度をどうのこうのと言うレベルではないからだ。

(カギは販売部門だな)

数週間後、正吉なりに一つの結論に達した。現状を見る限り、会社成長の原動力は販売を増やすことであり、これに尽きると考えた。

(だが、これは難しいぞ)

他社との競争は激しく、壁は厚いのだ。これ以上相手に値下げされたら、こんな零細企業はいっぺんに吹っ飛んでしまうだろう。しかし、だからこそ販売部門が重要ではないのかと、そんな堂々巡りをするうち、次第に心の中に、内勤にうずもれている自分の現状への焦りがふくらみ、手に負えないような勢いになってきた。

当時の日本の薬業界を見ると、薬品の総合メーカーらしいのは三共くらいのもので、あとは皆、商店とよばれる薬問屋や卸商である。地理的に見ると、東京は脇役程度に過ぎず、主流は大阪にあった。武田長兵衛商店の前身である武田製薬所（後の武田薬品工業）や塩野義三郎商店（塩野義製薬）、田辺五兵衛商店（田辺製薬）、小野市兵衛商店（小野薬品工業）などの大手薬品会社が、狭い道修町《どしょうまち》に軒を連ねて商売をしていた。

そしてその経営のやり方も、まだまだ丁稚奉公的な雰囲気を色濃く残し、すこぶる前近代的である。働く社員も丁稚（小僧のこと）とよばれ、番頭や手代から年月をかけてじっくりと商人としてのイロハを教えてもらう。だから丁稚の身分で会社経営のことを考えるなどというのは、およそあり得ないことだった。

そんな時代に正吉は、入社半年で大正製薬所の経営のあり方を考えていたのだ。時代の因習にとらわれない自由な発想は、常識破りで、正に異端《いたん》であった。だがこの異端が、以後の正吉を商売の世界での大成功者に育て上げたのである。

薬問屋は色んな薬を扱う卸商社であるが、その仕入れは薬の種類ごとに特化した専門の本舗から行っていた。本舗というのは或る特定の商品を製造して販売する大本《おおもと》のことを指す。当時は胃薬には胃薬の本舗があり、風邪薬なら風邪薬の、眼薬なら眼薬の、皮膚薬なら皮膚薬の本舗があって、そういった零細メーカーから問屋がいろんな薬をかき集めてきて、それらを薬店に卸す仕組みであった。

換言すれば、胃薬の本舗は風邪薬を作れないし、眼薬の本舗は皮膚薬を作れないという具合なのだ。その点、大正製薬所は大手の三共よりははるかに微小だが、一応、小児用の薬を中心に多少の品揃えをした駆け出しのメーカーの位置にあった。

しかし海の向こうは違う。日本のような本舗や問屋ではなく、この時期、すでにヘキストやバイエル、ロッシュ、チバなど、巨大総合医薬品メーカーが君臨し、世界市場を分け合っていたのである。

経営技術全般の面から見ても、欧米は日本のはるか前方を走っていた。薬業界とは異なるが、この頃、アメリカではフォード自動車がすでに流れ作業による自動車の大量生産方式に入っている。ベルトコンベアー式の生産システムを確立し、労働者の勤務形態も、一日八時間、週五日労働となっていた。東洋のちっぽけな国日本は、長い鎖国から覚めてまだ五十年ほどしか経っておらず、会社経営の何もかもが江戸時代の続きと思われるほど遅れていた。

西欧の先進性と比べると、いかに正吉が進取の気性に富んでいたといっても、思いつく経営手法や戦略にはまるで幕下と横綱ほどの違いがある。だがそれを責めるわけにはいくまい。経済の段階的発展という言葉があるが、この時期、日本もようやく数周遅れで西欧の後塵《こうじん》に向けて走り出したのだからだ。

だが見ようによっては、この後進性のゆえに、正吉の型破りな発想が日本という時代を先取りすることができ、開花したのだといえよう。それに正吉の場合、特筆すべきことは、どの経営上の発想も現場での自身のハンズオン（手に触れること）の経験から導き出した果実なのである。高邁《こうまい》な経営学から学んだものでもなければ、海外へ行って見聞したものでもない。自らが現場に足を運び、事象をつぶさに分析し、その結果を役立てたのだった。

販売部門の重要性を認識した正吉は、自分も外回りの外交をやってみたいという気持ちを抑えられなくなった。内勤の仕事はもうこの半年余りで覚えてしまっている。それでもずいぶん辛抱し、一年ほどが過ぎた或る日の昼下がりのことだ。お茶を飲んでいる石井所長の机の前へ行き、立ったままぺこんと頭を下げた。神妙な顔つきである。

「所長、ちょっとお願いがあるんですが……」

「おっ、何だね、急に改まって。言ってみなさい」

「実は仕事のことなんですが、今の内勤の仕事はもう覚えました。正直言って、この仕事は気の利《き》いた女事務員なら十分やれると思います」

そこまで言って、そっと所長の顔色をうかがった。まだ一年そこそこで生意気言うな、と叱責の声が返ってきそうな気がした。が石井は白い歯を見せてにやりと笑った。

「まさか、もう会社を辞めると言うんじゃないだろうな」

と冷やかし気味に言い、

「正直な男だな。君の顔に書いてある。どうだい、外回りをしたいんだろう。え？」

「はい。男子畢生《ひっせい》（一生）の仕事として、営業をさせて下さい」

「おう、そうこなくっちゃな」

そう言った石井の目もとに、見込み通りという満足の色が浮かんでいた。

正吉は安堵とともに、それ以上のうれしさが込み上げ、駆け引きをしない率直な石井の人柄に改めて敬意を覚えた。初任給を十五円あげると言った時の顔と重なり、ますますこの所長のもとで骨をうずめたい覚悟が胸に満ちてきた。

ほどなくして後任の女事務員が入社した。正吉はあらかじめ準備しておいた引継書をもとに、要領よく教えた。当時、事務引継書の概念はまだ一般的でなく、同僚たちは珍しいものでも見るように二人のやりとりを盗み見た。

この頃の正吉は体力もすっかり回復し、やるぞという気持ちがあふれ、元気潑剌《はつらつ》である。引き継ぎが終わると、弾む心で営業活動に飛び出した。

当時日本では自転車が普及しはじめ、大正製薬所も営業用に何台か常備している。荷台には大きな長方形のボテ（竹かごに厚い渋紙を貼った配達用具）がくくりつけられている。それに薬を詰め込み、ペダルをこいで東京市内（当時は東京都ではなく東京市とよんだ）や郊外にある薬局や問屋、産婆さんなどへ売って回るのだ。

着物に角帯を締め、その上から前掛けを垂らして、背を丸めて必死になってペダルを踏む。晴れの日はいいのだが、雨の日もカッパを着て朝から晩まで走り回った。まさに肉体酷使の重労働だが、正吉のような新参者でも思いのほか売れるものだから、疲れを忘れる。

それというのも戦争景気の好影響が薬業界にも及んでいたからだ。大正三年（一九一四）に勃発した第一次世界大戦だが、大正六年になるとアメリカもドイツに宣戦布告し、ドイツの敗色は次第に濃くなっていた。戦地から遠く離れた日本はますます軍需品の引き合いを受け、景気はいけいけどんどんで、とどまるところを知らない。物価も日に日に高くなる。正吉らが売る薬も、二日分一袋で五銭か十銭だった定価が、そのうち二十銭、三十銭へと跳ね上がった。

だが正吉は浮かれてはいなかった。商品は売れても、それは買いたいという需要が供給を上回っているからであり、そのうち戦争が終われば、昔、反物で経験したように売れ残りがあふれて不景気になるだろう。その時こそが販売員の真価が問われるのだと思った。

（そうなれば自分は落後者になるかもしれぬ）

その恐れは心の中で次第に強くなっている。販売員としては弱すぎるのだ。商品のことを余りにも知らな過ぎる。薬学についての専門知識が皆無なのである。薬局の主人から薬のことを質問されても、通り一遍のことは覚えた内容通りに答えているが、納得させられたとは思っていない。むしろ「なめんなよ」と、軽蔑《けいべつ》と怒りを買うこともたびたびなのだ。新薬の説明に至っては、自分自身でも自信がない体たらくである。

(やはりこれしかないか……)

学校である。独学では限界がある。薬学校へ行き、専門知識を身につけるのだ。薬剤師や薬学者になろうというのではない。資格をとるためでもない。自分はあくまで薬業界という実業で身を立てる決心である。初志貫徹だ。そのためにも学校へ行こう。

結論を出したあとの行動は素早い。翌年の九月の学期始まりを待って、麹町にあった明治薬学校(現明治薬科大学)の夜学へ通いはじめた。ここは昔、石井所長も通ったところである。一ヵ月の授業料は十円で、月給十五円の身にはきつかった。いくら住居と三食付きとはいえ、残りの五円ですべてを賄わねばならず、生活は苦しいの一言だ。

だがそれ以上の苦しさは時間がないことだった。錦城商業の時もそうだったが、忙しくて出席する時間がとれないのだ。だが正吉の信条から、いくら学校のためとはいえ、営業の仕事を手抜きする気など毛頭ない。皆と同じように自転車に乗り、相変わらずホコリまみれになって一日中走り回った。いきおい出席日数は減るのだが、これも夜中に家で自習をして授業の進度に遅れないように努めたのは、錦城商業当時と変わらない。弱音が出るたび、将来の成功した姿を思い浮かべ、意識的に明るい気持ちに切り換えた。

　こういった心の操作ができるのは正吉がもつ強みであろう。悲しむことで解決するのならいいのだが、その確証がないのなら、せめて心だけでも明るくもっておきたい。苦しみがあるからこそ、その後に成功という楽しみが待っているのだ。苦は楽の先導車なのだと、彼なりに意志の力で位置づけていた。

　一緒に生活している所長の石井は、そんな正吉の寸秒を刻む生活を知ってはいるが、あえて手を差し伸べることはしない。正吉がもがきながらも、一歩、二歩と着実に前へ進んでいくのを、ちょうど花見客が桜のつぼみが開花するのを待つような期待を込めた辛抱強さで見守るのだった。

　石井自身も忙しい。夜、食事が済むと、妻と正吉ら外商員たちと一緒になって、皆で薬の包装紙を袋に詰める作業に没頭した。

3　考える販売外交員

石井の古傷がまたもやうずき出した。栄養剤「体素」の新聞広告である。戦争による息の長い好調な景気を見て、この波に乗らない手はないと考えた。

これには苦い経験がある。以前、大々的にやったのはいいのだが、広告費がかさんで業績が悪化し、正吉が入社した頃には中止をしていた。ところが入社から三年目に入った年に、業績の向上に気をよくして再開したのだった。

或る朝、新聞の朝刊に出た「体素」の大きな広告を見て、正吉はまた新しい世界をのぞいた気がした。筋骨隆々の上半身裸の男が、腕を曲げて力こぶを作り、この栄養剤を飲むだけで如何にも血となり肉となるか、元気になるかを訴えている。

（相当の大金を払っている。どれほどの効果があるのだろう）

正吉の好奇心が頭をもたげた。「体素」の売れ行きが楽しみだ。薬局を回りながら、

「今日は『体素』はいくつ売れましたか」

と必ず尋ねた。ところが答えがあまり思わしくない。少しは売れたが、費用ほどの効果が

出ていない。

数日後、また広告が載った。同じように調べたが、傾向は変わらない。だが石井は強気である。広告が小さいからだと判断し、もっと大きなものを出すようになった。ところがそんなことが続いているうち、莫大な広告出費が経営を圧迫しはじめた。広告の効果がほとんど出ていないのだ。

なぜだろう。なぜ効果が出ないのだろう。正吉は考えこんだ。その一方で根気強く得意先に尋ねる作業を続け、結果を克明にノートに記録した。ノートは一冊目が終わり、二冊目に入った。

ノートが鉛筆で黒く塗りつぶされるたびに、気分がふさがった。広告の大きさと新聞の種類、そして「体素」の販売数などの客観的データを見ていると、はっきりと傾向が出ている。広告した日の売上個数が大体予測できるのだ。今日はこのくらいしか売れていないだろうと思い、あちこちの薬局を訪問してみると、ほとんどそれが当たっている。

(広告は意味がない)

どぶにゼニを捨てていると思った。今の大正製薬所には、広告は効果がないのである。その確信は日ごとに強くなっていた。というのも正吉は他社の製品の広告についても調べていたからだった。他社が新聞広告を打った製品についても、その日に売れた個数を薬局で調べ、効果の程度を記録していた。他社の主力商品はそれなりの効果が出ているのに、「体素」はあまりにも悪すぎる。

その理由には思い当たることがある。それははっきり言って製品の力の差だ。「体素」は我が社の主力だとはいっても、製品として一般消費者の信頼がまだ足りないのではないか。もっと品質を高め、同時に原価を下げて魅力ある商品にする必要がある。いいモノをより安く提供できる基盤作りが先なのだ。広告はその後でいい。小売りのような流通業であれば話は別で、広告は武器になるだろう。だが製造業である限り、モノが先なのだ。モノと営業力の二つの力の合成こそが大正製薬所発展のカギを握っている。

このまま無為な広告を続けるのは危険である。石井所長の怒り顔が瞼に浮かぶが、それを押してでも意見具申をせねばならないと心に決めた。

正吉はこのように広告を「費用対効果」という観点からとらえたのだが、それは日本の当時の遅れた時代性を考えれば、画期的な発想であったといえる。学校でマーケティング手法を学んだわけではないし、また意識していたわけではないが、彼の「考えるのが好き」な性分がそうさせた。こうした実地のハンズオン・データを積み重ねた科学的な手法は、その後も正吉の商売道を貫く太い心棒となっている。

そしてその日がきた。思いつめた正吉は意を決して石井に意見具申をしたのである。不機嫌になるのを承知の上で方針転換を迫った。遠慮なく自説を展開した。

「確かに広告はいつかは必要でしょう。しかし今の当社にはまだまだ早すぎます。社員も増えて売上げも伸びてはいますが、実態は零細企業です。先ずは経営の基礎固めに専念すべきではないでしょうか」

石井は両腕を組んで広い胸に押しあて、出かかる胸中の不快さを抑えている。所長は自分なのだぞと、口には出さないが、異様に光った黒眼は正直だ。

「上原の懸念は分らんでもない。けどな、『時の利』という言葉があるだろう。景気が浮揚している今こそ、じゃんじゃん宣伝をして、一気に業容拡大をはかるチャンスじゃないのかな」

一歩も引かぬぞという気迫が、釣り上がり気味の太い眉毛を震わせている。正吉はそれでも負けずに食い下がっていたのだが、不安そうに成り行きを見つめている同僚たちが目に入り、一先《ま》ず矛《ほこ》を収めることにした。経営者は石井なのだということを思い知らされた一幕だった。

ところで、第一次世界大戦が終結した大正七年（一九一八）十一月から数ヵ月前の七月、ちょうど正吉が意見具申をしてまもなく、全国で米騒動が勃発した。米の需要が大幅に供給を上回り、米相場が狂騰して、民衆の不満が一気に爆発したのだ。米問屋や地主のもとに押しかけ、米の安売りを要求した。

とりわけ神戸の大商社鈴木商店（旧日商岩井、現双日）を怒り狂った暴徒が襲い、焼き打ちにした。ちなみに城山三郎の小説「鼠―鈴木商店焼き打ち事件」によれば、鈴木商店は米の買い占めをしていると誤解され、標的にされた被害者であったと詳述されている。

（需給関係は恐ろしい）

いつの時も不意にこの凶器が襲ってくる。正吉は改めて商売の背後にある経済原理の非情さを思った。こんな時だからこそ堅実経営が必要なのだと痛感した。もちろん石井に懲《こ》りもせずに執拗に進言したが、そのたびに却下されている。

石井は聞く耳をもたないどころか、ますます経営者として自信を深めていた。というのもその年の暮れ、ちょうど大戦終結の頃から流行《はや》り出したスペイン風邪で製薬業界に薬の特需が起こり、まるで濡れ手に粟のような利益を手にしたからだった。このインフルエンザは世界中で大流行し、日本だけでも人口の〇・九％にあたる四十八万人が死亡したという。

だが濡れ手に粟はそれ以上のものではなく、やがてインフルエンザは下火になる。そこへ戦後の大不況が津波のように襲い、この経済恐慌で株や商品が暴落して、各地の銀行でも取り付け騒ぎが起こった。これまで天国だった薬業界も例外ではない。一転して不況に突入し、「体素」の広告を続けていた大正製薬所も真っ青である。

かねてから戦後不況の到来を懸念していた正吉は、もうこの時ばかりは妥協せぬぞと固い決心をし、石井に対峙した。

「所長、これが最後の機会です。どうか広告をおやめ下さい」

「ふうむ。広告をねえ……」

それでも煮え切らない石井に、正吉は一枚のグラフを机の上におき、指し示した。「体素」の宣伝をはじめた時からの広告費と売上個数、そして会社の利益の関係が、月ごとに目に見える形で示されている。何度も使われてきた資料であり、今回は最新のデータも加えてある。

「この数字を見て下さい。もう最悪の状態です。広告効果はまったくありません。まったくですよ。お陰で利益はますます圧迫されています」

石井は又かとばかり気乗りのしない目でグラフを見ているが、以前のような迫力はない。考えこんでいる。やがて急にさっぱりした表情になって視線を上げると、にやっと笑った。

「勝負あり……か。君の勝ちだな。というより、このグラフに負けたよ」

と言って、口をすぼめ気味にし、正吉の口癖となっている口上を真似た。

「広告をしないで売れる薬を事業の大宗《たいそう》（物事の大本《おおもと》）とすべし、だな？」

正吉は「はいっ」と、かしこまった面持ちで肯定の頭を下げた。石井は晴れやかな澄んだ眼で、

「よし、これで決まりだ。ただな、一気にやめるんじゃなく、徐々に減らしていくことにしよう」

翌日からそれは実行に移された。日が経つにつれ、次第に新聞から広告が減り、莫大な広告費の負担がなくなっていく。同時に正吉ら営業の頑張りもあって、予想よりも早く業績が上向きはじめた。

勢いというものは恐ろしい。財務状況の好転には目を見張るものがある。石井は正吉が唱える「事業の大宗」に従い、余裕資金を無名薬品の販売拡張や外商員の増員にあてた。事業は徐々にではあるが、安定してきた。

この会社では営業をする外回りの販売外交員を「外商員」と呼んだ。正吉は外商員の中でもずばぬけた販売成績を上げていた。その理由は単純だ。同じ売るにしても、いろいろ考えて売るからである。

営業マンなら、薬局店主や卸商との友好的な人間関係構築に励むのは誰もがやることだ。先ず説得力のある商品説明は必須であり、そのためにも薬の専門的知識は欠かせない。それでこそ信用してもらえる。それと同時に客に対する言葉遣いや態度も重要で、皆、これらのテーマを真剣に研究し、マスターしようとする。

だが正吉は一営業マン、即ち被雇用者としてのこれらの努力だけでなく、立場を飛び越えて、経営者の視点からの努力をもした。小売店である薬局の業態を徹底的に研究したのである。販売というミクロの一点攻撃だけでなく、経営というマクロからもメスの切り口を入れた。まだ二十代半ばにも達していない丁稚と呼ばれても仕方のない青年が、後に大正製薬所を大企業に育て上げる経営者への道を、すでに歩みはじめていたのであった。

—売れる店と売れない店があるが、どう違うのか。

—どうすれば小売店と大正製薬所本社をもっと緊密に結びつけられるか。

—代金回収率を高める手段には何があるか。

等々について、考えに考えぬいて自分なりに結論を出し、その成果を日々の販売活動に生かすのである。会社へ帰ってから、所長や同僚たちと議論をして、成果を全員で共有する空気づくりに率先したのは述べるまでもない。事実の分析から導き出された正吉の意見には、有無を言わさぬ説得力があった。

この時代、薬業界のどの会社も「商店」とよばれ、身分的主従を思わせる封建的な労務慣行が支配していた。そんななか大正製薬所の社員は皆、自由闊達に意見を述べ、所長でさえもが一外商員の正吉に説得されるのを「よし」とする風通しのよさがあった。それはひとえに経営者としての石井の器量の大きさゆえなのだろう。

戦後の経済恐慌はまだ日本列島を寒々とおおい、回復の兆しが見えないでいる。そんななか大正十一年（一九二二）三月から四ヵ月余り、東京府は停滞した景気回復を狙い、上野公園で平和記念東京博覧会を催した。表向きでは大戦後の平和復活を祈念するという歌い文句を掲げていた。世界の多くの国が自慢の館を建て、日本の主要企業も参加し、入場料一人六十銭の博覧会は活況を呈した。

実は石井もこの博覧会を「体素」売り込みの絶好の機会ととらえ、起死回生の思いで巨費を投じて参加した。正吉の反対にも耳を貸さず、「体素」の宣伝広告をするため、会場に「小型国技館」なる設備を特設した。ここで柔道とボクシングの試合を興行し、見物客を集めて宣伝しようとしたのである。ところがあまりにも不人気で、結果は大失敗に終わった。大赤字をもたらし、さすがの強気の石井も頭をかかえた。

だが転んでもただでは起きない事業家としての根性と才覚が、石井にはある。ここで何と貸家事業に目をつけたのだ。少しでも赤字を減らそうと、関係者と粘り強い交渉をして、会場の建物を格安で払い下げてもらい、解体した。そしてその材木を使い、目白の学習院の裏手の通称「砂利場」と呼ばれるところに、四十戸の住宅を建てて「和光園」と名づけ、貸家の団地を作ったのである。

「とんでもないことをしてくれたもんだ」

正吉をはじめ、所員たちは皆、眉をしかめ、赤字の上塗りになりはしないかと気が気ではない。これを機に石井所長が「体素」の広告を断念してくれたのはいいのだが、会社の将来が心配だ。

ところがこの「とんでもないこと」の懸念は、後に正吉の運命を大きく左右することとなるのである。「和光園」がきっかけとなり、生涯のビジネス・パートナーとして、そして有能な補佐役として大正製薬所を共に躍進させた妻の小枝《さえ》とめぐり合うのである。

石井の「体素」に入れ込んだ突拍子もない「小型国技館」の思いつきがなければ、今日の大正製薬があったかどうかは分らない。それほど正吉を支えた小枝の力が大きかったのである。逆に、もし石井が「体素」の広告宣伝をとっくに諦め、まともな経営に精を出していたなら、正吉と小枝が出会うことはなかった。人の運命というのは分らないものである。

小枝は明治四十二年（一九〇九）、静岡県の稲梓村大字宇土金（現下田市宇土金）で、土屋仁作と妻たつの四男一女の長女として生まれた。正吉より十一年余り遅れての誕生である。

父の仁作は大工の棟梁として腕が利いたが、性格にムラがあり、気が向くとふらっと一人で放浪の旅に出る。人を喜ばすのが楽しく、世話好きであった。メシよりも政治談議を好んだというところを見ると、政治家になりたかった節がある。いわゆる親分肌だった。趣味も豊かで、なかでも碁と将棋は子供時分の小枝に好んで手ほどきしたという。小枝が将棋が強かったのはうなずける。母たつはそんな夫に黙々と仕え、大勢の大工たちと同居する大所帯を切り盛りした。

小枝はどちらかというと父親似で、おおらかな性格と世話好きなところがあり、人と交わるのが好きだった。他人が入った大所帯の生活には何の違和感もない。

そんな家庭に或る日、不幸が舞い降りた。親戚の製糸工場が倒産し、その借入金の保証人になっていた仁作に借金取りが押し寄せた。いくら旧家とはいえ、仁作に膨大な借金の弁済能力はない。やむなく家産を売却し、返済にあてたのだった。

進退窮まった仁作は、東京へ出て人生をやり直そうと考えた。小枝の兄である長男澄男には東京で建築の専門学校へ入れたいという希望もある。そこでまだ学校が残っている小枝とその弟の三郎だけを残して上京したのであった。子供二人は祖父の親友、土屋栄勇の家に預けられた。

仁作らは最初、澄男が通う学校に近い雑司が谷に住んだが、通学路が人通りがなくて余りに淋しく、とりわけ夜が物騒なので、やむなく別の住居を探すことにした。そこで見つけたのが石井の建てた「和光園」だった。幸い数戸の空きがあることを知り、その足で大正製薬所の石井のもとを訪れた。

和光園に住みはじめて間もなくの或る夜、「火事だ」という外の叫び声で仁作は飛び起きた。寝巻き姿のまま外に出てみると、最近、建ったばかりの近くの住宅が夜空に真っ赤な炎を上げて燃えている。仁作は素早く家に戻って大工が使う鳶口《とび》を手に、現場へ走った。火元の家は半焼状態で、まさに隣家に燃え移ろうとしている。人々はなすすべもなく、ただ大声を出して遠巻きに右往左往するばかりだ。

「桶《おけ》に水を汲め」

周囲にそう叫ぶと、仁作は隣家に迫る炎に向かって身を乗り出し、猛然と鳶口を振るいはじめた。ゴーッという燃え盛る音とともに、バリバリッと木と土の壁が崩れ落ちる。わずかな間隙《かんげき》が見えてきた。延焼を防ぐための間隙だ。

仁作自身、故郷にいた時に二度、火事にあっている。その経験から咄嗟の取るべき行動を知っていた。

——今は延焼を防ぐ。

これしかないのだと、火の粉をかぶりながら必死に鳶口を振るい続けた。

火災現場周辺の建物を破壊して延焼を防ぐというこのやり方は、「破壊消防」とよばれ、江戸時代から行われてきた主たる火消し法なのである。木製のポンプなどはあったが、まだ水を使う消し方は補助的でしかなかった。

住民の桶の水リレーと仁作の献身的な働きで延焼は免《まぬか》れた。近隣住民の彼への感謝の言葉が、間を置かず和光園の家主である石井の耳にも届いた。

(ほう、そんな人物がうちの貸家にいるのか)

会ってみたい。石井はすぐに和光園へ足を運び、仁作に会った。期待通りの男だ。一目で仁作の人柄が気に入り、その場で和光園の管理人になってもらえないかと頼んだのである。

こうして大正製薬所長石井絹治郎と土屋仁作は、この火事をきっかけに信頼の絆で結ばれる間柄となる。そしてこれが次の運命の転回、つまり正吉とその妻となる小枝との邂逅《かいこう》へとつながっていく。二人のまったく知らないところで、縁結びの運命の針はまるで意図していたかのように着実に進んでいくのである。

翌年の大正十二年(一九二三)春、小枝は小学校高等科を卒業した。まだ学齢にある弟の三郎を残し、十三歳で下田から上京して、両親がいる和光園に住むこととなる。父がすでに大工の棟梁として成功しているのを見て、子供なりにうれしかった。

その頃、大正製薬所の社員は三十名を超えるまでに増えていた。彼らの多くが住み込み社員で、石井所長の家族と同居している。社員寮はあるのだが、同じ会社の敷地内にあり、食事などは全員が一緒だ。社員たちの世話をするお手伝いの女性は三人いたが、それでも足りないくらいで、そこへ小学校へ上がるようになった石井の長男輝司の面倒を見る必要も出てきた。石井は考え込んだ。

「困ったな。人手が足らん」

輝司の世話をしながら家事手伝いをしてくれる女性はいないものか。出来れば勉強もみてもらいたい。妻と相談しているうち、ふと仁作の存在を思い出した。あの顔の広さなら、彼の郷里に誰かいるかもしれない。早速、頼んでみることにした。

その話を受けた仁作は、むしろ喜んだ。それなら自分の娘の小枝にやらせてみたらどうだろう、と考えた。妻のたつも賛成である。大工稼業の家の手伝いをしているよりも、きちっとしたところで行儀見習いができるのなら有り難い。

当時の習慣として、地方の良家の子女を行儀見習いや花嫁修業の目的で、よく都会の文化的な家庭へ奉公に出していた。恐る恐る石井に申し出たところ、あなたの娘さんなら身元も確かだしと、逆に感謝され、明日からでも来てくれないかと言われた。

小枝はすぐに新しい環境にとけこんだ。大勢の職人が出入りする家で育ったせいか、大所帯の生活には何の違和感もない。物おじしない明るい性格は皆に好かれ、父親譲りの世話好きな気風が周囲の警戒を好意に変えた。

とはいえ、時には大人の一面も垣間見せた。まだ十三歳の少女であるが、切れ長の澄んだ瞳にふっと濡れたような淡い光が宿る。それが引き締まった口元の清潔さと相まって、何だか幼さを残した少女の顔に似合わず、歳に似ない精神の円熟さと聡明さを感じさせた。都会慣れした年長のお手伝いさんたちに引け目を感じないどころか、むしろ小枝が団欒の音頭をとる姉さん役を務めることさえあった。

そんななか、石井を感心させた出来事がある。当時、洋服を着るのは官吏や財界人、文化人などの限られた人たちだけで、一般人はたいてい羽織袴《はかま》姿で外出や勤めに出た。石井もそうしている。袴は脱いだあとたたまねばならず、これが実に厄介なのだ。難しいのである。とりわけ石井が着ていた袴は仙台平とよばれる最高級の袴地で作られていて、よほど手馴れた人でないとうまくたたんだり、結び紐《ひも》をきちんと結べない。

その日、石井が帰宅すると、いつもは始末してくれる妻が所用でまだ帰っていなかった。仕方なく脱いだ袴を脇にある衣桁《いこう》（鳥居形をした衣服かけ）に無造作にかけておいた。そのあと、たまたま奥の部屋へ掃除に来ていた小枝がそれを見つけ、きれいにたたんで所定の場所にしまった。小さい時から母親に物をきちんと片付けるように躾《しつけ》られ、祖父や父の袴、家族の着物などの片付けは日頃からやっていたので、何の造作もない。

帰宅した妻が不思議に思い、周囲の者に尋ねたところ、小枝がたたんだことを知った。皆は驚いた。とりわけ石井は小枝の身につけた躾の確かさに感心し、なるほど仁作の娘だけのことはあると、改めて小枝の働きぶりに目が向かうのだった。

正吉は忙しい。相変わらず毎日、営業の戦場へ出向き、一袋でも多くの薬を、一本でも多くの栄養剤の瓶《びん》をと、競合会社としのぎを削っている。

しかしこのところどうも気持ちが変なのだ。変というのは落ち着かないのである。瞼の奥に払っても払っても消えない面影が居座って、時には正吉に微笑みかけ、時には無視し、それでいて手の届かないはるか遠いところから、自分で意識もせずに無邪気な視線を送ってくる。お手伝いの小枝である。

（どうかしているぞ）

正吉は自転車のハンドルから離した片手で、ぽんぽんと頭をたたいた。こんなことは生まれてはじめてだ。心の奥が渇ききったような焦りできしみ、そうかと思うと、次の瞬間には甘美なしずくが滲《にじ》んでくるような心地よさを覚える。

（相手はまだ少女ではないか）

正吉は振り払おうとする。だがそうしたくない気持ちも自分を支配しているのを知っている。その方が楽しいのだ。だから自分の気持ちがコントロールできないのを幸い、客から客へ移動する自転車の道のりを、そんな妙な気持ちに好んで身をまかせて進むのだった。

気分は甚《はなは》だあいまいだが、しかしこと仕事に関しては一線を画している。決して手を抜くということはない。

「営業は男子畢生の仕事なり」

の気概は、片時も心の芯から離れることはなく、一日一日、精一杯の力を出し切った。

或る意味、正吉は器用なのだ。同じ一つの心でありながら、異性に惹かれる幼さ――自分ではそう思っている――の存在を許す一方で、現実の仕事への厳しい鞭《むち》を絶えず自分に打ち続ける意志の強さも並存させている。商売への研究熱心さは衰えることはない。

その日はちょうど休日で、寮の同僚たちはそろって繁華街へ遊びに出かけた。正吉も誘われたが、前日に顧客から集めた営業情報をこの際、整理しておこうと思い、縁側近くの中庭に出ている床机《しょうぎ》に腰をかけて、熱心にノートに書き込んでいた。

忙しくて庭の手入れができていないのか、大小の木々と花々が自由奔放に育っていて、深《ふか》緑《みどり》の中に浮き出た鮮やかな花の色彩が、正吉の疲れた目を休めてくれる。愛用の将棋盤も忘れずに持ち込み、気分転換の用意もしてある。

と、前方の木々の繁みの向こうで何か物音がした。猫のいたずらかもしれないと思い、そっと近づいて葉と葉のあいだの隙間に視線を投げかけた。

小さな空間が広がり、その向こうの洗濯物干し場のところに、誰か人がいる。

（小枝だ！）

咄嗟に正吉は背をかがめた。洗濯物を干しに来たのだ。一つ広げては干し、また一つ広げては干して、無心に同じ動作を繰り返している。正吉は固唾《かたず》をのんで見守った。木綿《もめん》の着物の肩にかけた紺《こん》色のタスキが真昼の陽光をはじき、眼の覚めるような鮮やかな色合いを放っている。その紺色に挑むかと思われる腕の白さがまばゆく、正吉はたじろいだ。小枝が一気に少女の壁を飛び越えて、一段と女らしくなっている。

正吉はなおも見とれた。黙って盗み見る自分の卑《いや》しさを恥じたが、恥じる気持ち以上の強い力で心の中が圧倒された。今の一分一秒がそのまま止まってほしい。そんな思いを抱きながらなおもかがんでいると、ふっと小枝がこちらの方を見た。正吉は思わず身を引き、素早く床机のところへ戻った。そして慌てて盤上に詰め将棋の形で駒を並べて、さも今まで指していたかのように手指で駒をつかんだ。とても顔を上げる勇気はない。

そこへ、ちょっと驚いた感じの声がした。

「あら、上原さん」

と、空いた籠《かご》を脇に抱えた小枝が、小股で近づいてきた。天真爛漫な黒い眼でにこっと笑い、白い前歯を見せた。上原は咄嗟に後ろ暗い気持ちに目をつぶり、そんな自分の狡猾《こうかつ》さに改めて恥じ入りながら、精一杯の明るさで応じた。

「精が出ますねえ、小枝さん」

ほめたつもりだが、もっとましな言葉が出ないのかと、ドジな自分を呪いたくなった。それでも横の空いた場所へ座るように手で招いたことで、少なからず安堵した。

しかし小枝は首を短く左右に振り、立ったままで動かない。正吉の方ではなく、盤の上にうつむき加減の視線をまっすぐ注いでいる。

「それ、詰め将棋でしょ」

「あれっ、将棋、知ってるの？」

意外な言葉に正吉は何だかうれしくなった。将棋のことでこれからも話す機会ができるかもしれない。

「子供の時にちょっっとね」

「そうなんだ。どう？　やってみない？」

返事の代わりに、小枝はいたずらっぽそうにクックッと笑い、飛車の駒を取り上げて王手になる形でぱちんと置くと、軽い足取りで家の中へ消えた。豊かな黒髪が淡い汗の匂いを残し、今にも消えかかるようなはかなさでほのかに漂った。正吉は無意識のうちに鼻を持ち上げ、それを追った。

すがすがしい風が正吉の胸を吹き抜けていた。何か大それたことを成し遂げた後のような満ち足りた気分と、漠然とながらも前途への希望を手にした喜びが重なっている。これまでに感じたことのない未知の甘美さがじわじわと心の中に広がり、不意に生きることの素晴らしさを実感して戸惑った。

その日からというもの、小枝の紺色のタスキ姿がしっかりと脳裏に刻み込まれ、仕事をしていても床についていても、時々、何の前触れもなく、ふっと瞼に現れた。小枝の物なら何でも素晴らしく思えて好きになった。とりわけ紺色は正吉の好みの色となり、自身も日用品では紺色の物を好んで使うようになった。そのことを小枝に気づいてほしいと思うけれど、そうなったらなったで、気恥ずかしくもある。

洗濯物の一件は正吉に恐る恐るの勇気を与えた。或る日、思いきって将棋を誘い、以来、数回、手合わせをしている。故郷のことなど、思いつくままに自然に話題がはずみ、小枝の下田での生活の一端を知ることができた。

両親の厳しい躾と暖かい家庭の団欒があったからこそ、今の小枝の無邪気な明るさや社交性があるのだと、小枝の育った境遇を羨ましく思った。そしてそういう特質をまったく欠いている正反対な自分の性格と無意識のうちに比べ、歳の差も忘れて小枝の中に円熟した母性のような安らぎを覚えた。

日とともに小枝への好意は勢いを増して、心の中でふくらんでいく。がそれ以上の具体的な形のある進展はなかった。

楽しくもあり苦しくもあり、心が乱れる時は多いけれど、それでいいと正吉は思っている。不満はない。相手の年齢を考えれば仕方がないし、彼女からの好意を期待することこそ独りよがりな押し付けというものだろう。時として不安定になることはあっても、何だかむしろこの気持ちの張りの持続が、これまで以上に仕事への闘争心を掻きたててくれている。


大正十二年（一九二三）九月一日の正午前、突然マグニチュード七・九の関東大震災が発生した。神奈川、東京の街の大半が焼土と化し、天を焦がす炎は二日間余りも燃え続けたという。死者行方不明者十万五千人、損害額百億円という未曾有の被害を出した。

正吉はちょうど午前の顧客回りを終えて、荷物の積み直しのために帰社したところだった。地震が昼食時と重なったこともあり、事務所や工場の回りのあちこちでいっせいに火の粉が舞い上がった。ゴーッという火災の轟音《ごうおん》と建物の壊れる音、そして人の叫び声がやかましく混じりあい、そこへこれが余震かと思えるほどの強い揺れが何度も繰り返す。

幸いなことに大正製薬所の建物に被害はない。大混乱のなか、正吉ら居合わせた社員たちはバケツや桶に水を汲み、

「来るなら来い」

と凄まじい形相で建物の周囲に陣取った。

そのうちどうにか火災はおさまり、幸運にも大正製薬所にまでは延焼してこなかった。まったくの無傷で切り抜けることができた。だが神田や遠くの街々では、煙は二日目に入ってもまだ立ち上っていた。皆はほっとしたが、直ぐに自転車に飛び乗り、手分けして顧客の被害状況の情報収集に走った。

東京、神奈川の被害は甚大だった。とりわけ正吉が担当していた東京の下町や横浜、鶴見、大森などの薬局はほとんど焼失してしまっている。売掛金の大部分が未回収となった。

「うーん、手の打ちようがない。参ったなあ」

さすがに強気の石井も正吉らを前に、出るのはため息ばかりである。営業に回ろうにも、肝心の店は焼けているか閉店しているかで、動きようがない。

だが正吉は場違いなほど冷静だ。むしろ先程から窮地の中で活路を探すかのような強い光を目に溜《た》めている。

(ピンチはチャンスなのだ)

そう思っている。目前の問題点に深入りするのではなく、先を見た。済んだことは済んだこととして受け入れ、このピンチを逆に利用できないかと考えた。沈んでいる暇はない。重い空気を裂くように、鋭い語気で言った。

「所長、ご存知のように復興にはだいぶ時間がかかります。それまでのあいだ、新しい販路を開拓してみてはどうでしょうか」

「というと？」

石井は瞬《まばた》きをやめ、正吉を正視した。

「地方回りをするのです。これらの地域はまだ未開拓のままです」

「いや、ちょっと待て。東北などの地方には、すでに問屋や卸商を通して売っているじゃないか」

「でもまだ片手間程度の状態です。もっと本腰を入れてやりましょう」

大正製薬所の将来を考えると、東京や神奈川だけでなく、日本全国、いや大きく外国でさえも視野に入れる必要がある。今はそれをやる絶好の機会ではないかと力説した。

石井は少し考え込み、迷いを見せていたが、結局この提案を受け入れた。その場で正吉ら三人のベテラン外商員を指名し、地図を見ながら全国を三分割した。正吉は主に東北六県を受け持つこととし、さらに北海道と、余裕があったらということで、日本領土となっている樺太や朝鮮、満州、台湾なども加わった。

行動は素早い。震災からわずか十日ほどしか経たない或る日の早朝、正吉は愛用の自転車に乗り、力強くペダルを踏んだ。先ずは初日の目標である隣県の埼玉へ向かった。荷台のボテにはぎゅうぎゅうに詰め込まれた薬と、ノート、小枝らが作ってくれたお握りの弁当箱が入っている。

　夏の暑さはまだ続き、首に巻いた手ぬぐいが吹き出てくる汗ですぐにびしょ濡れになった。単調なペダル踏みだが、これが結構つらい。どこまでも続く土のでこぼこ道で、坂もある。一風吹けば砂ぼこりが舞い上がる。そのたびに目に入り、涙と一緒に汗のついた手ぬぐいで拭いた。

　ふと小枝と交わした前夜の会話が頭によみがえった。風呂あがりのあと浴衣《ゆかた》姿でぼんやりと空の星を眺めて涼んでいたら、不意に後ろから「わっ」と女の小声がして、両方の肩に手がかかったのだ。声で分った。小枝だ。振り返ると、食堂の後片付けを終えたばかりの小枝が、いたずらっぽそうに笑って立っている。そして、

「喉が渇いたでしょう。どうぞ」

　と言って、手にしたラムネの瓶を差し出した。正吉の好物だ。

　正吉は胸が急に高鳴った。うれしかった。小枝の気持ちがうれしいのだ。その他大勢の社員としてではなく、何だか上原正吉という一人の人間に接してくれているような、選別された関心を感じたからだ。

　ラムネを手に取った。冷やしてくれている。手のひらに冷やりとした心地よい感触がしみ

た。と同時に小枝の心のぬくみが、それに劣らない快さと強さで伝わってくる。正吉は自分と小枝という別々の心の糸が今、かすかに接しようとしているそんな瞬間を意識し、それが作用して心ならずも少しあわてた。心中を見抜かれないよう、ごくごくと派手な音をたてながら一気に飲み干した。

だがそんな正吉の幸福な動揺も、小枝の次の一言で打ち砕かれた。

「私、よく考えたんですけど、一度、下田へ帰ってみようかなという気がしているんです」

「えっ、下田へ?」

正吉は聞き間違いではないかと、思わず相手の顔を強い視線で見返した。なぜ帰るのか。自分の近くから離れたいからなのか、でもそうは思いたくない。今、確か「一度」、と言ったような気がする。それはつまり一時的に帰る、というだけのことではないのか。

小枝は正吉からやや視線をはずすようにして続けた。

「もうそろそろ、この家での修行も終わりにしようかなと……」

「どうして?　故郷が恋しいの?」

「いえ、そうじゃなくて、もう学び終えたような気がするんです」

一瞬、正吉の目の前が真っ暗になった。落胆が胸を撃ち、息が止まった。

(学び終えた……)

たったこの一言で、小枝がいなくなる。それが現実に起こるのだ。自分への好意は微塵《みじん》ももっていなかったのか。そうとしか思えない。すべてはこちらの独りよがりな思い込みだったのだ。小枝とはようやく心の糸が結ばれようとしている。そう思った歓喜の頂点から、時をおかずに谷底に突き落とされ、正吉は動揺のあまり返す言葉が思いつかない。

そんな現実を認めるのは惨めだ。自分の心の中はすっかり小枝の色で染められている。正吉は自身でも気づかないほどの悲壮な表情になり、せめて気持ちだけは負けてはいけないと思い直し、心を強くして言った。

「今はさあ、大正製薬所は正念場だ。震災から立ち直ろうと、一人でも多くの人手がいる。もう少し、おってくれないかなあ」

言い終わって、思わず心の中で舌打ちをした。人手だなんて、何という事務的な言葉なのだ。君が好きだから、とどうしてこの一言が言えなかったのか。少なくとも小枝はこちらの気持ちに気づいているはずだ。これははっきりしている。それなのに、あえて帰郷を口にしたのだった。

（ひょっとして自分を試しているのかもしれない……）

好きの一言を期待して、そんな気持ちに望みを託しながら、帰郷の意図を告げた。その意図を押しとどめるほどの強い告白を、ひそかに待っていたのか。いやいや、小枝は純粋だ。

純白の絹だ。男女の駆け引きなどという、世俗の垢《あか》で汚れた考えなど思いつくはずもない。正吉は短い時間にあまりにも色んな考えが行き交い、何をしゃべればいいのか分らず、ただラムネの玉の部分を外から無造作になでていた。

　そんな気まずい雰囲気を小枝が救った。

「分ったわ。ごめんなさい。皆、頑張っているんだもの。暫くこのままでいます」

と言って手を差し出し、飲み干したラムネを受け取ると、まだ何かを語りかけるように瞬時、正吉の目を見た。黒く丸い瞳が、澄んで青みを帯びた白眼との境をあざやかに浮き立たせ、その残像を正吉の網膜に残したまま、軽く礼をすると再び食堂の方へ戻った。

　翌朝、食堂で皆と食事をしているとき、小枝もいたが、正吉にも声をかけ、普段通りに食事の世話で立ち働いている。何事もなかったかのようなその落ち着いた表情に、正吉は心中のこわばりが幾分、やわらいだ。それでもまだ不安が幅をきかせ、落ち着かなかったが、うまい具合に正吉が店を出発する前、自転車のところへ来て弁当を手渡してくれた。正吉はその機をとらえた。

「ラムネ、うまかったよ。きのうお礼が言えなくて、ごめんね」

「ふふふ、催促ね、お酒の飲めない正吉さん。帰って来たとき、また一本用意しておきますから」

その声が底抜けに明るく、正吉もつられて幸福な気分になった。小枝は思い直してくれたのかもしれない。このままここに留まることを昨夜、はっきりと口にした。これでしばらくは時間ができた。自分に関心を抱いてくれているのかどうかまでは分からないが、少なくとも現状維持は朗報である。

正吉は気持ちを切り換えた。これは彼の特技だ。自転車のペダルを踏むと同時に、これからはじまる商売への戦闘モードに心を向けた。道中、小枝のことを考えないというのではない。大いに考え、心を乱すことはあるだろうし、それでいいと思っている。ただそれはそれ、仕事は仕事と、そのけじめをつける意志をしっかりともっていることが大切だ。そう自分に言い聞かせながら、埼玉への街道を急ぐのだった。

もう体力勝負である。その日、目いっぱい薬店や卸商を訪ねた。初対面のところが多く、けんもほろろの扱いを受けたが、予想通りであり、落ち込むこともない。粘り強い対話を心がけて、それなりに人間関係の構築に努め、情報を収集した。以前から問屋経由で商品を卸している店はさすがに歓迎してくれた。だが何しろ片手間商売だったから、自社の品数が少ないし、隅っこにちょこんと置かれていて、寂しい限りだった。

埼玉が終わると次は群馬、栃木を訪れ、茨城や福島、宮城、岩手、秋田、青森などの販売店へも足を延ばした。自転車で行けないところは汽車に乗り、現地で知り合いに頼んで自転車を借りた。中仙道や水戸街道、奥羽街道など、ほとんどの街道や田舎道を汗まみれで走った。雨の日は悲惨だ。カッパをかぶっているのでどうにか雨はしのげても、泥んこの道に車輪をとられ、スピードを出せずに遅れてしまう。それでも根性で一軒一軒、店を訪ねた。

（これは容易ではないぞ）

訪ねるごとに正吉は考え込んだ。地方の薬店へ売り込むのは想像以上に難しい。このことを今回の行脚《あんぎゃ》ではっきりと学んだ。東京とはまったく商慣習が異なるのだ。東京では直接、薬店を訪問して販売してきたが、地方はそうはいかない。卸商や問屋ががっちりと販売店を握っていて、彼らを通さなければ商品を一ったりとも並べてもらえないのである。

大正製薬所だけがそうなのではない。他の製薬会社も同様だ。彼らは早くからこの商慣習を熟知し、それを受け入れて販路を確保している。地図の線引きはすっかり終わっているのだ。その彼らの中へこれから割り込んでいかねばならず、よほどの覚悟と努力が必要である。

（どうすれば突破口がひらけるのか）

旅館へ帰っても、夕食が終わると、お膳兼用の平机の前に座り、蚊取り線香の煙が舞う中でずっと考え続けた。布団の中でも考え続けた。時々、ふっと小枝のことが頭をもたげ、悲観と楽観が交互に心の安穏《あんのん》を揺さぶるが、思いのままにまかせて時が過ぎるのを待った。そしてそれが終わると、また考えるのである。

ただ正吉は言葉の定義は明確ではないが、この前近代的な問屋制システムには乗れないと思っている。流通段階で問屋という仲介業者が必須だとは考えていないのだ。最終顧客である一般大衆の立場に立てば、より安く手に入る方がいいに決まっている。これは自明のことである。やはり大正製薬所の原点は薬店への直接販売でなければならない。いいモノを安く作り、それを顧客に買ってもらうのだ。明快な経済原則ではないか。そんなことをあれやこれや考えているうちにいつの間にか眠りにつき、翌朝、また薬店回りに出るのであった。

この一連の地方行脚では、まだ命題への回答は見い出せなかったが、問題点の整理が出来たことは大きな収穫だった。この問題意識がきっかけとなり、後に大正製薬所の大発展につながる、いわゆる「特約株主」の構想を考え出したのである。

ようやく地方行脚が終わった。正吉を含めた三人の外商員を前に石井は作戦会議をもった。

「やはり地方は大変だな。問屋ががっちりと販売網を押さえている」

石井は皆の報告を聞き終わると、ため息混じりにそうつぶやいた。地方はあまりにも広く、かつ遠く離れている。販売員の人数にも限りがあり、結局はこれまでの商慣習通りに問屋に頼る方法しか選択肢はなかろう。

そんな意見が多数を占めるなか、正吉は違った。一人、反対論を唱えた。大正製薬所もようやく昔の家内工業的な段階から脱し、世間から製薬業者としての地位を認められるところまできた。それなのに旧態依然として卸商に頭を下げて売ってもらうのは問題である。地方も東京や横浜と同じように、直接小売店へ売る方式でいくべきだと主張した。

石井は聞きながらも、首を何度も左右に振り、てんで話にならないという表情だ。

「そんなことをしたら、どうなる？　結果は目に見えているぞ。やはり問屋は使わざるを得まい」

「所長、どうか長い目で見て下さい。問屋は必ず衰退します。その証拠に……」

と言って、薬店がどの問屋から仕入れているかをメモした紙片を示した。東京と地方の主な薬店を取り上げ、彼らが仕入れている問屋名が書いてある。そこには或る傾向が見られた。東京の薬店は自分と同じ町の仲間である問屋からは、出来れば仕入れたくない。地方の薬店も同じ町からではなく、例えば東北なら、ちょっと離れた仙台から、九州なら広島の問屋から仕入れたいと思っている。逆に仙台や広島の薬店は東京や大阪から仕入れたい。そんな傾向が見てとれるのだ。

「身近な人の成功を妬《ねた》むというのか、ライバル意識とでもいうのか。人情の機微なのかもしれません」

それでも石井は引き下がらない。

「だけどな、上原。経営は費用のことも考えなきゃあな。地方はともかく広すぎる。たとえば東北だけでも、今いる外商員を全員つぎこんだところで、まるで砂漠にバケツの水をまく程度のことしか出来やしない。もしやるなら人を大勢雇わねばならないし、採算的に成り立たないよ」

「そうでしょうか。交通や輸送、通信といった取引手段は日進月歩です。日本はどんどん狭くなっています。採算の問題はやがて解決するでしょう。どれをとっても問屋の衰退は目に見えています」

「そうは思わんな。交通費や利便性だけの問題じゃない。経営的に見て、どうかということだ」

　正吉はゆっくりと頭《かぶり》を振った。

「先ほど経営の費用とおっしゃいましたが、では今回の震災で何が起こったか、よくご存知でしょう。問屋や卸商が焼け出されて、ばたばた倒産しています……」

　そのとばっちりで多くの製薬会社の代金が焦げ付いて、甚大な被害をこうむった。これこそ経営の足を引っ張る元凶ではないか。さらにもっと恐い事態は不況の到来だ。好況の時は問題ないけれど、一たび不況になったら、それこそ連鎖倒産で貸し倒れの山になる。自分の責任で会社が傾くのなら納得できるが、問屋が倒れて自分も一緒に共倒れになるなんて、あってはならないことだ。問屋に頼るのは危険である。正吉はそう言って、説得するような熱い眼で一同を見回した。

「下卑《げび》た喩《たと》えで恐縮ですが、他人の褌《ふんどし》でいつまでも商売をするのはやめましょう。製品の販売網は事業経営の基礎です。借り物ではなく、自分たちの基礎を作りましょう。東京と同じように自分たちの手で直接、薬店に届けたいと思います」

石井はふっと一息つき、根負けしたような一瞬の後退を表情に見せた。が、まだ抵抗をあきらめられないのか、それともさらなる確信を得ようとしているのか、濃い眉を静止させ、正吉を見据えた。

「なるほど、分った。常識破りだけど、君の話には説得力がある。しかしな、この少ない人員で現実にそんなことが出来るのかね」

「やります。私は何としてでもやり抜く覚悟でいます」

正吉はきっぱりと言いきって、力のこもった瞳を静かに返し、決意の強さを皆の目の奥底に刻んだ。こうして地方への直売は決まったのだった。

意欲も新たに正吉は東北への配達に精を出した。卸商や問屋を無視するわけではないが、大半の時間を薬店回りに費やした。

正吉には信念がある。信念というのはこうだ。地方へ行けば、確かに問屋の「顔」は絶大で、小売商たちをがんじがらめに縛っているが、それは何十年という長年の取引から生まれた信頼と親密さの賜物なのだ。だからこそ新参の自分たちでも根気よく誠実に努力を続けていけば、いつか問屋を超える「顔」を築くことができるだろうと考えた。

現に正吉の真面目さと熱心さに打たれ、徐々に得意先の数が増えていった。日本を三分割した他の二人の同僚も、正吉に刺激されて販路を拡大し、会社の売上額は目に見えて上向いてきた。

それに加えて追い風も吹いた。震災のあと、流行病が蔓延するのではないかとの噂が市中に飛び交い、薬を求める声が高まったのだ。会社の建物に被害がなかった大正製薬所は、それやこれやで大急ぎで社員を八十名近くにまで増員し、フル操業をするまでになった。

正吉は満足するということを知らない。東北の販売網構築に一先ず目途をつけると、後を部下に譲り、今度はまだ未開拓の地である北海道や樺太、そして南の台湾、さらには朝鮮、満州へと足を伸ばした。当時、樺太や台湾などへ行くのは、今日のいわば北極や南極へ出張するくらいの感覚であり、正吉も出発前には一応、田舎の兄たちにその旨、告げている。彼らはびっくりして、

「生きて帰れるのか」

と真顔できいたほどだった。

ここで少し話題がそれるが、「流通革命」という言葉がある。一九六〇年代に東大経済学部助教授だった林周二が唱えた経営用語だ。小売業者の立場から見れば、問屋をはずしてメーカーと直接取引をすることで、中間マージンが排除され、消費者へ安い値段で売れる。古い流通の体質を変え、消費者により良いモノをより安く供給することは、小売業者の使命である。そんな説を唱え、経済界に大きな衝撃を与えた。それを機に企業は、業種を問わずいっせいに目覚めたように流通改革に乗り出し、コスト削減に走り出したのだった。それはＩＴ時代の今日も続いている経営の主要な柱の一つだ。

だがその革新的な考え方を、何と林助教授よりはるか四十年ほども前に一人の若い薬の営業マンが実践していたのである。上原正吉だ。常識にとらわれず、というよりもむしろそれを破壊し、自分独自の戦略を練り上げた。それも学問を通じてではなく、人から教えられたものでもない。自分の体を現場にぶつけ、もがき苦しみ、そして絶えず「なぜだ？　どうすればいいのだ」と、WhyとHowを考え続けるところから得られた独自の果実であった。

――中間マージンの排除。

そう言われてみれば、

「何だ、そんなこと、当たり前じゃないか」

と今日、誰もが思うだろう。だが林助教授より四十年も前、今から見れば九十年も前の、前近代的な商慣習が社会に根強く残っていた時代なのである。そんな時にまだ零細企業に過ぎない大正製薬所が、いち早く「流通革命」の必要性を痛感し、実行に移していたのだった。

「なぜ大正製薬所は急速にこんなに大きく成長したのか？」

後にこの疑問を世間は抱いたが、答えは述べるまでもなかろう。直売方式をはじめ、多くの革新的な経営手法を、同業他社よりはるかに先駆けて実行していたのがこの会社なのだ。泡沫《ほうまつ》とも言えるほどの小さな会社だったのに、今は大衆薬の売上高では日本一にのし上がっている。

――常識を疑う。

このフレーズからの出発は何も科学の世界だけではない。ビジネス界でも、とりわけグローバル競争でしのぎを削る現代だからこそ、正吉が常用したこの戦術を取り込まねばなるまい。

「しかし、それが出来たのは上原正吉だったからだろう。平凡な我々にはそんな独創的な発想はとても無理だ」

多くのサラリーマンはそう弁解するかもしれない。だが果たしてそうなのか。もし正吉が聞いたなら、落胆するよりも、むしろニタリと笑うだろう。怠慢《たいまん》と甘えに根ざしたその心の油断こそが、意欲ある他社に勝利の機会を与えているのだと。

正吉は自分が商売や経営に才能があるとは微塵《みじん》も考えたことはない。ただ他者と決定的に異なっている点があるのを知っている。それは商売上の困難な問題点を見つけた時に、むしろそれが困難であればあるほど喜びを覚え、闘争心がたぎることである。

――問題点は発展の起爆剤であり、宝の詰まった宝庫である。

それを解決すれば、他社より一歩も二歩も先んずることができるのだ。そう思うと、問題点をかかえて悩むのではなく、むしろその悩みを前向きの検討課題として格上げし、楽しむくらいの余裕で取り組むのである。そう、「楽しむ」なのだ。問題解決との格闘は「趣味の域」に位置づけられさえしていた。

そしてその格闘は、決して諦めることのない執拗さで取り組んだ。例えてみれば、亀でさえも音《ね》を上げるほどの根気と時間をかけて、徹底的に考えて考えぬくのであった。あえて正吉の才能といえば、このネバーギブアップの「考えるしつこさ」であろう。原理原則の気づきや発見も、このしつこさの所産なのだった。決して天才の技ではない。

4　新しい制度の導入

木枯らしが吹いた長い冬もようやく終わりを告げた。春の到来だ。小鳥のさえずりも賑やかさを増し、太陽の光が日ごとに、柔らかい明るさへと変わっていく。震災復興の槌音《つちおと》が東京の澄んだ大空に勢いよく響いている。だがそんな世間を尻目に、正吉は相変わらず悶々とした日を送り、自分の不甲斐なさに愛想を尽かしていた。

今日こそは告白しよう、今日こそは告白しようと、小枝と会うたびに胸の壁に向かって叫ぶのだが、壁はびくともせず、他愛のない会話を交わして時間が過ぎる。笑ったりおどけたりするけれど、それは体の表層の反応であって、心の中は不安混じりの焦りでいつも曇っている。時々、地方出張で買ってきたちょっとした土産を渡し、それを小枝が受け取ってくれるのがせめてもの慰めであった。というより、頼りであった。

（小枝は少なくとも自分を嫌《いや》がってはいない……）

もし嫌なら、受け取りを拒絶するはずだ。そう考えることで、かろうじて小枝の気持ちを間接的に確認し、悲観に流される自分を励ました。

しかしそんな正吉の独りよがりな解釈が打ち砕かれる日がきた。当時、休日は第一日曜と第三日曜の月二回だが、そんな或る休日の夕刻、二人で将棋を指しているとき、不意に小枝が下田へ帰ると告げたのだ。

ややや上目使いに見上げた澄んだ眼は正吉をまっすぐに見、説得を受け入れない意思表示を強く滲ませていた。そして正吉の気持ちの高ぶりを予期していたかのように、感情を交えないあえて事務的なしっかりした語調で、もう東京で学ぶことは終えたように思うと明言した。

正吉は前のこともあり、息が止まりこそはしなかったが、その分、追い討ちを受けたような、有無を言わさぬトドメを刺された感じをもった。今度こそ、もうこの一言で決まってしまうのかもしれない。そう思うと、悲しみが込み上げるよりも、いっそう自分の勇気のなさを呪った。

だがその一方で、汚《けが》れを知らない純な小枝が、うすうす感づいている自分の好意をこうもあっさりと切り捨ててしまうことに、納得しがたい抵抗感もある。学ぶものがないとは言ったが、それが本意だろうか。どこか理屈に頼ったような、作り物のセリフの響きがしないでもない。

やはり嫌気《いやけ》がさしたのだ。そうに違いないと思った。これ以上の長居はかえって誤解を与え、相手を傷つけると、そんな必死の思いで心に鞭を打ったのかもしれない。

正吉は時間を稼ぐかのようにゆっくりと腕を組んだ。一方で、顔と口は意思を無視しても
う勝手に動き出していた。むしろ微笑みさえたたえながら、

「分ったよ、小枝さん。よくよく考えた上での結論だろうからね」

とさばさばした口調で言って、わざわざ念を押すように相手の瞳にうなずき返した。

小枝は何か予期しないシーンでも見るように、一瞬、正吉の真意を読み取るふうに瞳を大きく開いて静止させた。かすかな戸惑いの影がある。がすぐにそんな狼狽《ろうばい》を明るい笑顔で消すと、再び将棋盤に向き直った。

「じゃあ、正吉さん。今度は私の番ね」

と言って、盤上の駒に手を伸ばした。正吉もそれに応じながら、今、見た狼狽にかすかな引っかかりを残したまま、これから小枝がいなくなる生活を漠然と瞼に浮かべた。


それからしばらくして小枝は下田へ帰った。小学校を卒業するまで世話になった土屋栄勇のところへ戻ったのだった。そこで裁縫や稽古事に励もうというのだ。

栄勇は大喜びで小枝を迎えた。ゆくゆくは出来れば小枝を自分の息子の嫁にしたいと考えていて、そのことは小枝の父仁作にも早くから伝えてある。東京の石井家のもとで行儀見習いをしていたとは聞いていたが、いざ久しぶりに目の当たりに小枝を見て、これがあの時の

少女なのかと、うれしい驚きで瞼が熱くなった。少女の面影は残っていても、何気ない振る舞いの中に、教育を受けた大人がもつ抑制された気品と、他人の気持ちを推し量る繊細な気働きが自然のうちに出ている。

栄勇は手広く養蚕業を経営し、農業も大規模にやっていて、いつも大勢の職人や手伝い人が出入りし、屋敷は賑やかである。小枝は時間があると、すっと人の輪の中に入って即興の冗談を披露して場を盛り上げた。ふと気づいた仕事のアイディアや工夫を、突出しない配慮をしながらさり気なく提案した。

小枝は皆の人気者となり、栄勇も自分の心の中では鼻高々である。だが時々、小枝がぼんやりと目を前方に漂わせ、何か考えごとをするような場面に出くわすことがある。栄勇はやや気にはなったが、それもほんのわずかな時間だけで、忙しさに呑まれてすぐに忘れた。

その頃、東京の大正製薬所では、正吉は以前にも増して働きに精を出していた。小枝のことを忘れようとすればするほど、あの豊かな長い黒髪と色白の面差《おもざ》しが鮮明に瞼の奥にこびりついて離れない。それを振り払うためにいっそう働いて、仕事の方に気持ちを集中させるという毎日なのだ。

(もう過ぎ去ったことではないか)

終わったことなのだと、虚勢の胸を張りながらそう自分に言い聞かせ、何度諦めようと努めたかしれない。だが徒労だった。いざ小枝が眼の前から去ってみると、失ったもののあまりの大きさに、心の中が空っぽになって、いっさいの重力をなくしたような虚しさが押し寄せた。しかし外面的にはいつの時も平静をよそおい、仕事に励むだけの気力を保っていたのは、二十代も後半を過ぎた年の功のなせる業なのかもしれない。

ただ所長の石井はそんな正吉のただならぬ様子に敏感に気づいていた。

（あれほどの男がなあ……）

仕事ができるだけに、その同じ人物の異性に対する気の小ささが却ってほほえましく思え、何とか力になってやりたいという気持ちが日増しに強くなっている。正吉には大正製薬所の将来を担ってほしいという考えは変わらず、そのためにも身を固めるのは重要だ。それに、小枝の気性のよさと才気は辺りを見回してもかなう者はいない。

その考えに達した石井はある日の晩、皆が夕飯をすませて部屋へ戻ったあと、正吉を奥の座敷へ呼んだ。ケヤキの座卓の上にお茶と菓子の最中が置いてある。正吉はいったい何事かとかしこまった気分で、言われるがままに石井に向き合って座った。

石井はしばらく仕事の話をしたあと、単刀直入に切り出した。小枝のことをどう思うかと尋ねたのである。正吉は突然のことで喉をつまらせ、赤面した。

「はあ、どう？　と言いますと？」

「そうだな。好きかどうか、ときいているんだ」

正吉は恥ずかしさのあまり、どう答えるべきか言葉が思いつかず、目をうつろに泳がせていたが、石井の優しそうだが真剣な眼差しを目にし、下手なごまかしはすべきではないと思った。口ごもりながらも正直に答えた。

「実はそのことで……このところ、悩んでおりました。気恥ずかしいのですが、好意を……抱いております」

「なるほど、分った。これで決まりだ」

と、ぽんと胸をたたき、にんまりと笑った。

「後は俺にまかせろ。結婚の話を進めよう。いいな」

「でも、小枝さんの方がどう思っているか……」

それから数日後の吉日に、石井は改まった服装で「和光園」の管理人をしている仁作のもとを訪れた。丁重な言葉遣いで、小枝を正吉の嫁にいただけないかと頼んだ。仁作は困惑を隠そうともせず、狼狽した眼をぱちぱちさせて、言葉を濁した。

「何分、まだ十五歳の子供ですから……」

と婉曲《えんきょく》的に断るのである。

その日、石井は答えを得ぬまま辞去したが、その後も諦めず、何度も訪れて頼み込んでいる。最初は口の固かった仁作だが、言葉の端々から、どうやら小枝には故郷に約束した男性がいるのではないかと察せられた。

石井はその都度、ありのままを正吉に報告し、そのあと必ず、

「しかし俺は諦めんからな」

と、正吉を励ますのだった。

小枝がなぜ帰郷にこだわったのか、その理由が分った。ところがこのことが、正吉にとって諦めの決心につながるのではなく、逆に作用した。真っ暗闇の中に一縷《いちる》の望みを見出す結果となり、それが膨《ふく》らみに膨らんで、いっそう小枝への思慕を募らせたのだった。

(まだ可能性は残っている)

そう思った。あの日、小枝が帰郷を告げたとき、その瞳に宿したかすかな狼狽―戸惑いの影を思い出したのである。

可能性はゼロではない。小枝はまだ迷っている。そう思いたい気持ちは正吉の胸の中で激しく波打ち、願望であろうとなかろうと最早どうでもいい、そんなことをいっさい忘れ、一《いっ》時《とき》の希望にすがろうとした。恐らく小枝は今、許婚《いいなずけ》との板ばさみの中で、自分に対する好意の最後の雫《しずく》を振り払おうと、いや、振り払わねばならないと、もがいているのかもしれない。

自分勝手な想像だとは分っていても、奇妙なことに、これは正吉にとって大胆な、向こう見ずな勇気となった。

もはや我慢ができない。すぐにでも小枝の気持ちを確かめたいと思い詰めた。無謀な行為であろうと、構わない。少なくとも今の自分の気持ちをしっかりと伝えたいのだ。たとえ一方的な告白に終わっても悔いはない。むしろそれは覚悟の上であり、心の奥底にある真の思いを伝えねば、死んでも死にきれないとさえ思った。

翌日の夜、時間を見つけ、昼間買ってあった便箋を取り出した。同僚の邪魔をしてはいけないので、そっと背をかがめるようにして部屋の隅の机に向かった。だがいざ書こうとすると、なかなか思うようには言葉が出てこない。仕事の文章は嫌というほど書いてきたが、これぱかりは勝手が違う。もう下書きの紙を何枚使ったことか。

ああだこうだと呻吟《しんぎん》したのち、結局、手紙で書くのは諦めた。文章で生の思いを伝えるのは甚だ困難だし、誤解を招く。それよりも直接会って話そうと考えた。簡潔に用件だけしたためた。

「……掌中《しょうちゅう》の玉を失ったような淋しさを味わっています。何とか一度、会いたいから、そちらへ行ってもよいだろうか。行けば叔父さんが厳しくて、怒られるかどうか、返事をくれませんか……」

そして、今度会った時に手渡したいと、以前、大阪の百貨店で買っておいた女性用の腕時計と合わせ、小包にした。もうこれが最後かもしれないと、期待よりもはるかに大きな悲観に圧せられながら、翌朝、祈るような気持ちで発送したのであった。

ちなみにこの時に出した手紙は、無骨な正吉の一生に一度の異性に宛てた「恋文」であった。

大正十五年（一九二六）八月十八日、正吉と小枝は石井絹治郎夫妻の媒酌で結婚式を挙げた。蝉の高い鳴き声が空いっぱいに広がる夏の暑い盛りに、二十八歳の新郎と十七歳の新婦が新しい人生の第一歩を踏み出した。新居は根岸に定めた。

最愛の小枝を妻に迎えることができ、正吉は幸せを感じるよりも、先ず自身への責任感で胸を震わせた。どんなことがあっても小枝を守らねばならない。その決心は自身の心の奥底との固い約束であり、それを実行することが十一歳も離れた男に嫁いでくれた妻へのせめてもの償いだと思っている。

現に正吉は生涯、妻以外の女性に心を奪われたことはなかったし、大富豪にありがちな、女性を囲ってカネで見せかけの愛を買うなどという発想は微塵も抱いたことがない。妻一筋に八十五年の生涯をまっとうしたのだった。

ただ波乱がなかったというのではない。いや、むしろ当初の一、二年、互いの忍耐がぎりぎりまで試されるほどの心理的な危機に見舞われていた。

話下手で無骨な正吉は、毎日毎日が仕事一筋の生活である。それまで異性と付き合ったことはなく、女性心理に甚だうとかった。家へ帰っても、小枝に向かって気の利いた話題も見つからない。つい独りでノートを広げて昼間に得た営業情報の整理をしたり、仕事の考え事をする。善意の気持ちは溢れるほどあるのだが、その具体的な発散の仕方が分らない。結婚生活というものについて、こういうものなのかという、やや冷めた諦めが時として心に忍び込む。

小枝は小枝で良い妻になろうと必死で料理や裁縫に励むのだが、どうも夫の心の中心部と結ばれていないような、ぐるぐる外側だけを回っている焦りに似た淋しさを抱いた。それはなかなか子供ができないことも影響しているのかもしれない。ともかく二人のあいだに善意で武装された心の空間が築かれ、それが打ち破れないものだから、ますます家庭の中にぎこちなさが漂った。

しかし小枝はどこまでも賢明な女性であった。或る日、ふと正吉が四歳で母に死に別れたことを思い出した。そのとき、すっと頭に一つのことがひらめいた。ひょっとして、母性愛を知らずに育ったことが影響しているのかもしれない。本人も気づかないうちにそれを求める意識があって、満たされないことへの無意識の不満が鬱積《うっせき》しているのではなかろうか。そして今、妻としての自分に、それを求めているのかもしれない。

（でも、それは私も同じことかもしれないな）

夫からの愛を一方的に求めていた自分に気がついた。与えるのを忘れ、もらうことばかりを考えていた。

思いついたが吉日である。その日から小枝は心を入れ替えた。仕事から帰ってきた夫をそんなふうな気持ちで見ていると、年齢差はあっても何だか自分より年下のような、甘えというのか、それまで見えていなかった夫の内面に気がついた。うれしかった。やり直せそうな気持ちと自信が込み上げてきた。

小枝は積極的になった。というよりこの日から本来の活発な性格を縛ることをやめた。家庭内では心の向くままの自然体で正吉に接した。ほめることも愚痴ることも、遠慮をしない。そしてさらには正吉の仕事の中味にも首を突っ込み、意見を述べる日が増えてきた。酒の飲めない正吉と、発売されて間もない明治ミルクチョコレートをかじりながら、小机を間にして向き合うのだ。

正吉もそんな小枝に心地よい刺激を覚えた。とりわけ仕事についての意見のやりとりは、食後の楽しみにさえなってきた。ハッとさせられるような見方を提示され、驚くこともたびたびだ。商売に対する小枝の才知には舌を巻いた。困ったことがあると、正吉の方から意見を求めた。そしてやがて心の空間も霧散し、正吉が仕事に全力でぶつかれる家庭の体制が築かれていくのである。

——人間は考える葦《あし》である。

これは十七世紀のフランスの哲学者で物理学者、数学者だったパスカルの言葉である。正吉は正にこの考える葦なのだ。考えに考えた末、後に大正製薬所を株式会社として大躍進させる「特約株主制度」を考案している。

先の大震災は復興の名のもとに東京の街の地図を根本的に塗り替えた。従来の盛り場だった神田や日本橋から、一転して新興の銀座へと主役が移り、丸の内はビル建設のラッシュで、見違えるような近代的なオフィス街が現れつつあった。新宿や渋谷も新たな歓楽街となり、人と金と物の流れが変わって、新しい時代の幕開けを告げていた。前近代から近代へ、そして旧習慣から新秩序へと、互いに激しくせめぎ合いながらも、その葛藤と混沌の中から新しい時代の萌芽《ほうが》が起こりつつあった。年号も大正十五年（一九二六）十二月二十五日に、大正天皇の崩御《ほうぎょ》により、「昭和」と改められた。

そんな新時代の息吹きを肌で感じながら、正吉は焦っていた。大手問屋であった武田長兵衛商店や塩野義三郎商店、田辺五兵衛商店、鳥居徳兵衛商店（現鳥居薬品株式会社）など、大手の問屋は続々とメーカーに転向しつつあった。

とはいっても薬業界全体が甚だ後進的で、メーカーである大正製薬所もご他聞に洩れず、設備と製造法は相変わらず手工業的なもので古臭い。経営意識も旧態依然としていて、世間の流れに大きく乗り遅れている。

社員数は増えたが仕事場は狭く、工場と呼ぶにはあまりにもお粗末である。正吉は現場を見るたびに、早く早くと、改善への焦りを募らせた。衛生観念はないも同然で、製剤部では和服の上に割烹着をつけた社員たちが液剤と膏剤を混ぜて薬を作り、それを次の工程である仕上部に運んで、そこの人たちが畳の上にどっかと座って包装しているのだ。ただ仕上部だけは正吉の意見が通り、昭和三年（一九二八）になって頭に白い帽子をかぶって白衣を着るようになったが、これなどは大正製薬所が同業者の中で最も進んでいたほどである。

東京と同じく全国の地方にも、薬店への直売方式で営業するようになり、それなりの成果は出つつあった。とはいえそれはまだ一部の製品だけであり、会社全体として世間から認知されているとはとても言いがたい。無名の薬がほとんどだ。大正製薬所はまだまだ個人商店の域を出ていなかった。正吉の悩みはそこにあった。

（どうしても組織としての展開が必要だ）

早く個人的な経営体制から脱け出さねばならないと思った。そのためには会社としての組織力を身につけ、組織的なしっかりした販売網を築かなければならない。全国規模の大企業を目指すからには、真っ先に達成すべき課題である。

薬局の店頭には他社も含めた多くの薬が山のように並んでいる。主人が客に売る場合、どの薬を手にとって勧めるか。どうすれば大正製薬所の薬を真剣に売ってもらえるか。そのことばかりをこのところ考え続けている。

外商員が主人に与える心証は当然よくなければならないが、それと同じくらいに重要な要素があると思っている。それは「売ってみよう」という自発的な気持ちを主人に起こさせる工夫である。仕掛けである。そのためには大正製薬所だけが利益を独占するのではなく、薬局にも一部を還元することだ。片方だけの一人勝ちでは長続きしない。つまり両方が勝利者となる方策でなくてはならない、と考えた。

今、振り返ってみると、これは正にアメリカ経営で唱えられているWin-Winの思想であり、今日、普通のこととして受け取られているが、正吉はそれを八十年以上も前の前近代的な日本社会で実行に移そうとしたのであった。当時としては常識破りの発想もいいところで、なかなか販売の幹部会議では賛同してもらえない。会議といっても、石井所長をはじめほとんどが石井家の血族だ。何度も会議をもっているのだが、正吉は根気よく同じことを訴えた。

「私の申す『特約株主制度』でありますが、これは取引先である小売店、つまり薬店に当社の株式を所有してもらい……」

その株式に対して配当を支払い、さらに大正製薬所が得る利益額の中から、販売実績に応じて割戻金をも支払うというのだ。株式配当は最高一割を限度とするが、むしろ狙いは割戻金にあるのだという。

「人にはいい意味での『欲』というのがあります。もっと売って大正製薬所の利益を増やし、その結果、自分たちへの割戻金も増やしたい。そう考えると思うのです。ただこの割戻金ですけども、私の計算では、標準販売額の取引先に対して、最高が利益額の二割くらいになる見込みです」

こんなとき、所長の石井はいつの時も困った顔をする。

「その理屈は分るんだけどな。しかし問題は株式会社化だ」

個人商店から株式会社に変えた時に、今は石井家が所有している株式の内四分の一を手放して、取引先に買ってもらわねばならない。つまり全株所有の原則が崩れることになる。それが血族の株主たちの抵抗に会っているのである。

だが最後は、正吉の殺し文句でとうとう石井はこの案を受け入れたのだった。その殺し文句というのは資金繰りのことである。大正製薬所は成長の一途であるが、だからこそそれを維持するための資金調達で石井は苦労していた。ところがこの特約株主制度を実行したら、資金問題は一気に解決し、安定した資本を確保できることになる。石井にとっては株式所有による取引先との関係強化よりも、むしろ資金調達の問題解決の方にメリットを見い出した。

正吉にとっては理由がどうであれ、賛同してもらえるのなら有り難い。ぜひ成功させねばならないと、自分から進んで実施責任者になることを申し出た。

そして昭和三年（一九二八）三月二十五日、株式会社設立総会が開かれ、資本金を百万円と定め、続いて五月五日に「株式会社大正製薬所」が創立されたのだった。直販制度と持株制度を結びつけた正吉ならではの独自の経営戦略が、ここに始まったのであった。古い体質の製薬業界では正に度肝を抜く異例の経営スタイルといえた。入社以来、十三年目にして、ようやく念願の「個人商店」から「株式会社」への脱皮を成し遂げたのだった。

営業担当取締役となった正吉は大車輪の働きだ。自ら全外商員を引っ張り、得意先への説明に奔走した。結果は正吉の読み通りであった。得意先のあいだに相当の反響をよび、翌年には株主総数は四百十名に跳ね上がった。彼らは喜んで大正製薬所の製品を扱おうとした。

彼らのヤル気を支えたものに、「大正リポート」の発行がある。特約株主を中心として、会社紹介や製品解説など、大正製薬所と取引先薬店との交流に必要な情報を満載している。

販売支援の一環として正吉が発案したものだ。言い出しっぺでもあり、発行日が迫ると、睡眠を削ってでも原稿を書いた。

もともと正吉は文章を書くのが好きで、文字には特別な親しみをもっている。幼少の頃、父や兄の本を引っ張り出しては、難しい漢字をすっ飛ばし、片っぱしから読んだ。新聞は人気があった萬朝報《よろずちょうほう》を家でとっていて、これはふり仮名だけを拾って読んだ。小学四年頃になると、押入れにある博文館の「帝国文庫」五十巻や祖父が読んでいた文芸雑誌、「紅葉全集」、「一葉全集」、泉鏡花などの作品に夢中になった。何とか文筆で飯が食えるようにならないかと、真剣に考えたこともある。だが文学青年だった兄の諫止《かんし》で諦めたと、正吉は後に語っている。

会社の歯車はいい方へ回っている。石井はこのところ株式売却で資金繰りが楽になり、機嫌がいい。おまけに問屋が入らないので、貸し倒れ率も低下するし、代金回収もスムーズに運び、売掛金の滞留《たいりゅう》期間が大幅に短縮された。

それに加え、うれしい誤算も加わった。生産者と消費者が株主である得意先を通して直結したことで、薬品に対する消費者の声がよく聞こえるようになったことだ。これは即、製品の品質改善に役立った。こうして大正製薬所の中間業者を通さない販売網構築は、着々と進んでいくのである。

しかし、経済を支える景気そのものは逆に急速に悪化していた。「株式会社大正製薬所」創立の前年である昭和二年三月、東京渡辺銀行が破綻し、それをきっかけにまたたく間に日本各地で銀行の取りつけ騒ぎが起こった。翌月には三井物産や三菱商事と張り合っていた神戸の巨大商社鈴木商店が、台湾銀行の融資打ち切りによって倒産した。もはや金融恐慌は手がつけられないくらいに暴走し、日本経済は悪化の一途をたどる。そしてこの不況はやがて昭和四年（一九二九）十月二十四日のアメリカ・ウォール街の大恐慌へとつながっていくのであった。

企業倒産は日常茶飯事となり、薬業界も例外ではない。正吉はそんな状況を横に見ながら、とりあえずは直販のお陰で貸し倒れを低く抑えることができ、安堵した。特約株主制度も効いた。世間の不況をよそに、社業を着実に安定させ、会社の将来を明るいものにした。

早くも株式会社発足後の九月の営業報告書には、売上額が創業以来の新記録となり、製造部や仕上部、発送部等の人員を倍加したと記されている。石井の正吉に対する信頼はますます固く、ゆるぎないものとなった。

5　天下の道修町《どしょうまち》に攻め入る

石井はこのところ事業拡張への意欲を抑えるのに苦労している。東京や神奈川をはじめとして、一応、関東以北一円に特約株主の販売網を築くことができた。ところが肝心の大阪を中心とした関西地区がすっぽりと抜け落ち、会社としては実にいびつで脆弱《ぜいじゃく》なのだ。ここを何とか攻略したいと思っている。

いびつで脆弱というのは、日本の薬業界は在阪の武田や塩野義、田辺などの関西勢が牛《ぎゅう》耳《じ》っており、ここを抜きにして会社の発展は考えられないからである。全国的な製薬業者に成長するためには、どうしてもこの関西系の陣地に斬りこみ、自らの販売網を築く必要がある。

その思いは昔からあって、十年余り前にも一度、大阪進出を試みたことがある。正吉が入社して二年ほど経った頃だ。大阪支店を設けたのだが、六年間の悪戦苦闘の末、撤退を余儀なくされ、閉鎖の憂き目にあっていた。大阪はなまじっかなことでは落とせない、難攻不落の城なのだ。

石井のはやる心を乱す要因はそれだけではない。薬の乱売合戦である。経済不況は製薬業界をも直撃し、消費者の買い控えで薬がさっぱり売れない。そこで業者は生き残りをかけて、食うか食われるかの血みどろの乱売合戦を繰り広げていた。その中心地が大阪だった。

石井は正吉の意見を求めた。正吉も大阪進出には大賛成である。むしろ石井よりも積極的だ。かねてから考えていた構想を述べた。そして最後に確信に満ちた口調で、同じやるなら早い方がいいと進言し、珍しく自分の感情を抑えられないのか、頬を紅潮させて言った。

「今の関西は乱売で大荒れです。だからこそ、我々新参者にも勝機があるんじゃないでしょうか。何といっても、こちらには武器がありますからね」

石井は得たりとばかりに膝を打った。懸念を一掃した直後に見せる過剰なほどの自信をその眼に宿した。

「そう、その通りだ。今度は前とは違うぞ。我々には取って置きの武器がある。特約株主という武器がね」

正吉はおかしさをこらえ、同時にうれしくもあった。以前はあれほど渋っていた石井なのに、まるで自分が提案者のような乗りで特約株主制度を買ってくれている。改めて石井の下で会社を躍進させることの喜びを噛み締めた。

だがすぐに正吉の胸に不安がよぎった。それは誰が切り込み隊長として大阪へ行くのかである。

（もし自分に当たったら……）

ふっと小枝の顔が浮かんだ。下田で育ち、そして今、東京と、そんな関東しか知らない人間に大阪の水が合うだろうか。第一、言葉遣いがまるで違う。小枝にとっては外国へでも行くような心境になるだろう。いやいや、ちょっと待て。今、自分は正に営業担当取締役として全国を駆け回っている最中ではないか。話せば小枝も分ってくれるかもしれぬ。

しかし石井は、そんな正吉の気持ちの揺れにあっさりとトドメを刺した。

「いやあ、申し訳ないけどな、上原君。この際、君が大阪へ行ってくれないだろうか」

正吉は石井の眼を上目加減に睨むように見据え、ぐっと口元を締めたが、その瞬間に覚悟を決めていた。行こう、と思った。だが今のままでは行くのを押しとどめようとする障害があった。

「分りました。でも……」

「何だ。条件でもあるなら、遠慮なく言っていいぞ」

もし、現在の東京本社のやり方や方針が強制されるのなら、躊躇せざるを得ない。なぜなら石井家の株主や血族幹部らの考えにはほとほと閉口していたからだ。いくら説明してもなかなか分ってくれないし、時にはやっかみからなのか、理由もないのに感情的な反撥を浴びせてくる。大阪は戦国時代を思わせる乱世の真っ只中である。そんな地で、悠長な不毛の議論などをしている暇はない。権限をまかせてもらえなければ、敗北は目に見えている。正吉は雇われの身であることも顧みず、丁重な言葉遣いながら、率直に考えを述べた。

石井は暫時《ざんじ》、目をつむったあと、急に晴れやかな顔になった。

「よく言ってくれた。もっともなことだ。大阪の成功なくして、大正製薬所の成功はない。分った。西日本は君にすべてまかせよう」

そう言って、具体的に日本を東西に二分することを提案した。東京本社の石井が名古屋から東を所管し、正吉の大阪支店は西を受け持つ。つまり三重県から近畿、中国、四国、九州だけでなく、台湾や朝鮮、満州、上海までが正吉の管轄と決まった。

帰宅後、正吉は夕飯のあと、何気ない表情を保ちながら、しかし細心の注意で身構え、おもむろに小枝に転勤のことを告げた。だが正吉のそんな用心はまったく不要だった。小枝はぱっと黒い瞳を輝かせ、

「よかったじゃない。賛成だわ。いよいよ一国一城の主《あるじ》になるのね」

と言って、これまで見せたことのないほどの期待感に満ちた生気と喜びを顔中にみなぎらせた。正吉はちょっと遠慮気味の声で、

「だけど、大変だぞ。君にも一兵卒として働いてもらわなくちゃいけないだろうから」

「何よ、それしき。むしろ本望だわ。やりましょう。大阪で商売をやりましょう」

「よしっ、決まりだ。これで社員二人が確保できたってことだな」

そして実際、大阪で、小枝は獅子《しし》奮迅《ふんじん》の働きをして正吉を手助けするのである。小枝は小枝で、持て余すばかりのエネルギーと才気の発散の場を、無意識のうちに渇望していたのに違いない。だからこそ夫から大阪行きの話を聞いたとき、将来のリスクを考えるよりも先に、即座に肯定的な反応を示したのであろう。

例年になくまだ夏の暑さがしつこく肌を焼く昭和四年（一九二九）十月初旬、正吉は小枝を残し、ベテランの営業マン一人を連れて先に東京を発った。

正吉を待っていた大阪は、東京と同じく不況の真っ只中で、世相は荒れていた。大学卒業者の就職率は三割にも満たない状況だった。ちょうどこの赴任の一ヵ月ほど前に小津安二郎監督の映画「大学は出たけれど」が上映されていて、希望を見い出せない暗さが街中に蔓延し、そのくせ薬業界に限っていうと、乱売が乱売を呼ぶ無秩序ぶりである。悪いことに正吉が大阪に着いて間もない二十四日には、あの歴史的なニューヨーク・ウォール街の大恐慌が起こっている。

しかしそんな世相とは裏腹に、沈滞ムードに逆行する一人の人物がいた。元東京高商（現一橋大学）教授だった関一《せきはじめ》である。この頃、大阪市助役から市長になっていた関一は、市民の非難を浴びながらも壮大な都市計画を策定し、御堂筋の拡幅工事と地下鉄建設に着手していた。まだ部分的だが、幅六メートル弱だった道幅が一気に四十四メートルとなり、その拡幅のなった建設途上の新しい御堂筋を歩きながら、正吉はこれからどう切り込んでいくか、どういう戦略で行くべきか、あれこれ思案していた。

広い道路の両側に古い建物が無秩序に密集し、それらが思い思いに取り壊されて、代わりに鉄筋コンクリートのビルがぽつり、ぽつりと建設されている。真っ青な大空の所々に近代的な建物が高く顔を突き出し、関東大震災後の丸の内や銀座の息吹が再現されかけようとしていた。

（この御堂筋がきっと大阪をよみがえらせるぞ）

景気の悪さはいずれ改善されるだろう。正吉はそう確信した。今がまさに大阪の夜明け前なのかもしれない。この時期に大阪支店の責任者として来たのは男子としての本懐である。だがそれだけに、計り知れないほどの困難が待ち受けているはずだ。もし失敗すれば、自分の帰るところはないだろう。この地に一生を賭ける覚悟が必要だし、自分も妻もそのつもりでここに骨をうずめるのに迷いはない。

がらんとした大通りを一台の市バスがゆうゆうと走っていく。その上空をカラスが二羽、これも大空を独り占めするようにゆっくりと舞った。正吉は両手を大きく広げ、胸いっぱいに息を吸い込んだ。

（景気は悪いが、空気はうまいな）

覚悟を決めた静かな余裕が胸を覆っている。戦《いくさ》の前だというのに、恐れは感じない。むしろ「やるぞ」という気迫が気持ちを前へ前へと駆り立てる。

いつの間にか天六（天神橋筋六丁目）まで来ていた。多くの名だたる薬問屋が軒《のき》を連ねている。隣接する本庄本通り北側に、出発点ともなるべき格好の家を見つけてあった。職場兼住居の二階家だ。ここからは大阪駅や内環状線の天満駅にも近いし、京都や奈良、和歌山、神戸などへ通じる街道の起点ともなっている。商業の中心地には遠いけれど、外回り営業にはうってつけの場所である。近くを流れる淀川からは、澄んだ空気が爽やかな風に乗って運ばれてくるが、時には工場が吹き上げる煤煙《ばんえん》の鼻をつく臭いも漂ってくる。支店の営業開始は十月二十一日と決めていた。

今となっては小枝は貴重な戦力だ。拠点が決まると正吉は直ぐに電報を打ち、呼び寄せた。折り返し返事があり、前月に運行がはじまったばかりの特急「富士」の夜行に乗るという。十時間五十分の旅である。いざ来ると決まると、それまでの時間が急に待ち遠しくなった。別れてまだ二週間も経っていないのに、まるで一年も会っていないような気がし、自分の勝手さに苦笑した。

その日の朝、正吉は早めに大阪駅に着いた。人混みをかき分けながら構内を通り、改札を抜けて下りのプラットフォームに出た。駅員に確かめると、定刻に着くという。

やがて前方に真っ黒な塊の蒸気機関車が見え、白い蒸気を吐きながら滑り込んできた。何両もの列車を後ろに連ねている。シュシュ、シュシュという音が次第に弱くなり、ガタンという重い金属音を二、三度させてゆっくりと止まった。

アナウンスがやかましく鳴り響き、両手に荷物を抱えた乗客たちが次々に降りてくる。正吉は乗客や出迎え人たちに押し倒されそうになりながらも、小枝の姿を求めて必死に視線を泳がせた。這うような遅々とした足取りで狭いホームを進んだ。すると先の方の人波の中に小枝の横顔が見えた。長い髪を後ろで一つに束ね、動かずにじっとしたまま、不安そうな様子で立っている。自分を待ってくれているのだ。

(小枝……)

と、思わず口の中で小さく呼びかけた。急に胸が締め付けられ、目頭が熱くなった。普段は意識していなかった愛の感情が、今、胸の中で一気に勢いを増し、その甘美な、しかしなぜか切ない気持ちの高まりで、正吉は圧倒された。そして突然に起こったこの濃密な感激にしばらく身をまかせていたが、不意に後ろから押されたのを機に、気を取り直した。急いで近づきながら、人の声にかき消されないよう両手をメガホン代わりにし、「小枝、小枝」と大きな声で呼んだ。

小枝はハッとこちらを向き、真っ白な歯を見せてうれしそうに笑った。百万の味方にでも出合ったかのようなその無邪気な喜びに、正吉はいっそう愛《いと》おしさで胸を締め付けられた。白粉《おしろい》のない素顔には長途の汽車旅行の疲れが濃く滲んでいるが、若さと未知への期待もそれに負けじとばかりに、黒い瞳に輝きを与えている。正吉はしばしの感傷から冷め、今度はわけもわからず急に胸が明るくなり、はしゃいだ気分になった。

久しぶりの言葉を交わしたあと、改札口へ向かった。歩きながら、小枝が持っている両手の風呂敷包みを正吉が代わって持とうとした時だ。

「おっとっと、大事にね」

と、小枝がやや大袈裟に甘えを含んだ声で言った。結婚記念に石井から贈られた壁掛け用のぼんぼん時計と、もう一つは結婚前から使っていた卓上の小鏡台だ。他の家財は全部、会社の人たちに荷造りしてもらって別送してあると、弾んだ声で言った。

「ほう、ぼんぼん時計ねえ……」

正吉は反射的にそう応えながら、東京にいる石井の顔をちらっと瞼に浮かべた。

いよいよ待ちに待った大阪支店開業の十月二十一日がやってきた。正吉は早速、動いた。社員の求人である。ぜひ関西出身者から求めようと、大阪の朝刊各紙にささやかな広告を載せたのだ。

—求住込店員、天六大正製薬所大阪支店……。

名もない会社なのに、不況もあってか、大勢の優秀な求職者が集まった。その中から四人採用した。もちろん住み込みだ。正吉が掲げた条件は単純だった。弁舌さわやかなやり手の人材を避け、誠実で根気のありそうな未経験者を選んだ。

合格者全員を前に正吉は訓示した。先ずは社員間の名前の呼び方である。道修町の薬問屋では店員は本名では呼ばれない。「吉どん」とか「山どん」などと呼ばれ、何年かの年季が過ぎるとまた別の名で呼ばれるという具合で、「番頭さん」と呼ばれるまでになるのは並大抵の年月ではなかった。社員間に身分差別をつけるこの慣習に正吉は違和感を抱いた。反対なのである。

「諸君は皆、外商員として平等だ。今日から○○君と、互いに君づけで呼ぶようにしてもらいたい」

こうして前近代を縮刷《しゅくさつ》したような道修町の一郭に、場違いな近代的感覚をもった小さな会社が誕生したのであった。

正吉は大阪へ来る前後、短い時間の中で可能な限りの事前の市場調査をしていた。大阪というところは一般的に同じ都会でも東京や神奈川とまったく違う。会社対会社というより、むしろ人と人との個人的な結びつきで商売が行われている。

薬業界も同じで、問屋の社員が個人として薬店にしっかりと食い込んで、或る意味、家族の中にまで入り込む付き合い方をして、販売網を維持しているのだ。そこへもってきて言葉の問題がある。関西弁は言葉遣いが実に柔らかく、間延びしていて、果たして関東のきつい語調が受け入れられるのか。最初は正吉も関西弁をしゃべろうと努力したが、どうしてもうまくいかず、さじを投げた。

（この堅固な販売網の壁をどのようにして突き破ればいいのだろうか）

正吉は考え込んだ。特約株主制度は切り札として当然使うとしても、その前にこの壁が大きく立ちふさがっているのだ。正吉は実際、勉強のため、ツテを頼りに主だった薬店を訪問している。大阪だけでなく、京都や奈良、神戸、滋賀、和歌山などにもこまめに足を運んだ。

足を運ぶにつれ、次第に明かりが見えてきた。それは大阪特有の「個人対個人の付き合い」だからこそ、新参者にも勝機があると思えるようになったのだ。端的に言えば、会社が無名でも、外商員の誠実さと能力が主人に認められ、信用されればいいということではないのか。だからちっぽけな大正製薬所でも誠実な努力を重ねていけば、いつかは必ず実を結ぶ。

もしそうだとすれば方法はある、と正吉は考えた。それは社員の教育である。腕のよい外商員を大勢養成すればいい。以心伝心だとか、思いつきだとかの場当たり的なやり方ではなく、組織的に養成する方法を確立することが肝要なのだ。これが成功のカギを握るのであり、言葉は二の次だと考えた。下手に関西弁の真似をするのはやめようと心に決めた。そして教育をしていくのなら、変な垢《あか》に染まっていない未経験者がいい。その方針で採用したのがこの四人であった。

――事業は人なり。

松下電器の創業者、松下幸之助の言葉である。彼は「松下電器は人を作る会社です。あわせて家電を作っています」と公言した。今日でこそ当たり前の考え方だが、当時は非常に珍しい革新的な発想だった。

正吉が大阪へ赴任してきたのは、幸之助が自転車用ランプで大きく当てた頃で、ラジオの製造はその一、二年後からはじまる。幸之助の前述の言葉はかなり後の時代のことであり、赴任当時に正吉がそんな彼の考えを知っていたかは疑わしい。むしろ外商員の育成は正吉が自身で考え、実行しようとした自分なりの戦略だったと思われる。しかも薬業界の前近代的な経営形態の中で人材育成という点に着目したわけで、これは実に業界のみならず、はるかに時代を先取りした発想といえた。

正吉の成功要因はいろいろあるが、それらに共通することがある。それは常に常識の逆を行くということだ。今、行われている方法や考え方を疑い、否定し、そこから真逆《まぎゃく》の戦略を構築する。先例がないからリスクは大きいが、だからこそ成功した時の果実の大きさを知っていた。それに、失敗するとは思っていないのだ。根気よく努力を継続していけば、いつか必ず成就できるという密《ひそ》かな自信をもっている。決して途中で諦めず、愚直なほどの根気で継続するのである。

さて、支店業務がはじまると、小枝は急に忙しくなった。それも猛烈に、である。新入社員四名と東京から一緒に来たベテラン一名、それに正吉と自分も含めた七名分の三度の食事と洗濯まで、衣食住いっさいの世話をしなければならない。朝から夜遅くまで目が回るほどの忙しさだ。だが支店成功のためにと、肉体的な疲れを覚えないほど気持ちが高揚し、充実していたから、結婚以来感じたことのないほどの幸せを噛み締めていた。

しかし正吉はそんな小枝に不満だった。不満というのは小枝の本来の能力が活用されていないことへの苛立ちなのだ。もっと他にやってほしいことがある。自分の手となり足となって、営業活動に時間を割《さ》き、手助けしてもらいたいと痛切に感じていた。社員も近々、数名増やすつもりでいる。正吉がそのことを話すと、小枝も実は自分もそうしたいと考えていたところだと応じた。

「ようやく家事や雑用事《ごと》も大体の目途がつきました。お手伝いさんが一人来てくれれば、大助かりですわ。私もかなりの時間ができると思います」

と言って、引き出しから一枚の紙片を取り出して広げた。そこには家事の種類やそのやり方、重要度のランク付けなど、日常の業務が鉛筆で要領よく書かれている。如何にも小枝らしい手際のよさだ。正吉は何だか自分のお株が奪われたような愉快な気持ちになった。心中を読まれていることも明るい気分を倍加させ、夫婦のきずなが大阪へ来ていっそう強まったように感じた。

——どの商品を売り込むべきか。

ここでも正吉は知恵を絞った。この頃、東京本社では二百種類以上の薬を製造していた。これは単一商品の本舗に比べて強みであるが、全国一の激戦区でいきなり無名の商品を売ろうとするのは労力の無駄である。最初は一応、名前が知られている、主力の五つに絞ろうと考えた。目玉商品の「体素」と、小児用胃腸薬の「児強剤」、栄養剤の「ヘモグロザット」、そして外傷用の「女神」、「ゴッド膏」である。

そして次は販売戦線の区割りだ。関西といっても、少ない人数にとっては広すぎる。そこで時間的に三つの期に分けることにした。第一期は最大の市場である大阪を中心とする一帯、第二期は京都、奈良、和歌山、兵庫など大阪の外郭地帯、第三期は中国、四国、九州地区、さらには外国である。この計画に沿い、大阪の地図を広げて正吉も含めた全員の担当地域を決めた。

正吉の朝の一歩は決まっている。支店長だなどと威張っている暇はない。他の外商員と同様に三つ揃いの洋服に手を通す。外商員は身分が上で、背広着用だ。

営業マンである外商員の下のランクに、配達員と呼ばれる連中がいた。彼らは厚地の縦縞《たてじま》木綿《もめん》で織られた厚司半纏《あつしはんてん》を着て、商品配達をするのだ。縦長の襟《えり》には「株式会社大正製薬所」と白抜きで染め抜かれた文字がくっきりと浮き出て、販売の戦地に赴《おもむ》く配達員のみなぎる闘志を代弁しているようだ。配達員は外商員への登竜門であり、単に配達するだけでなく、商品の陳列棚の整理を手伝ったり、欠品を見つけたりして、外商員顔負けの受注競争をしたという。

朝礼の訓示が終わると、正吉は自転車の荷台のボテに薬を詰め込み、誰よりも真っ先に販売の第一線に飛び出した。自分は最も重要な大阪市内の得意先開拓に力を注いだ。営業作戦としては先ず得意先の獲得なのだ。信用を勝ち取ることが先で、特約株主の勧誘はまだ先のことと考えている。

薬店を訪問しても、最初のうちはたいてい門前払いを食わされた。競合者の問屋が先回りをして入れ知恵をし、意地悪をするのである。だが正吉は動じない。そんなことは想定内だし、彼らの弱点も見つけている。

それは押し込み販売だ。一時の売上を増やそうと、得意先の薬店が望みもしないのに無理に商品を押しつけたり、預けたりしている。狭い店頭に陳列するわけにもいかず、かといって倉庫も足りない。預けたとか預けなかったとかの言い争いが絶えず起こり、代金回収もあいまいになって、得意先にとって厄介な商慣習だった。関東にも見受けられるが、とりわけ乱売合戦の関西が激しい。

それに加えて委託販売がまだ多く行われていた。委託販売というのは、商品販売を第三者に委託し、販売を代行してもらう販売形態を指す。委託者である問屋やメーカーは商品の所有権をもち、受託者の薬店は受託、つまり預かった商品を客に売った時に手数料として利益を得る仕組みになっている。これも薬店にとっては痛し痒しなのである。リスクはないけれど、単なる預かり物だと思うと、自主的な販売意欲が薄れるし、仮に売れても一定の手数料しか手に入らず、経営の面白みに欠ける。意欲ある薬店経営者には不満が少なくない。

ここに食い入る手がかりがある。こういった商慣習の弊害をうまく説得できれば、彼らの共感を得られるのではないかと考えた。と同時に大正製薬所はそんな慣習に従うつもりがないことを明言せねばならぬ。

押し込み販売は言語道断だ。商品引き渡しは委託ではなく、断固、相手の注文票と引き換えに行う方針である。注文票がなければ、大正製薬所の倉庫から一品たりとも商品が出ないということなのだ。肝に命ずべきは、押し込みをすればするほど、乱売合戦の火にいっそう油を注ぎ、それが又不況を助長しているということである。大正製薬所はこんな悪慣習に与《くみ》するわけにはいかない。

商売というのは常に客と対等、つまり五分五分の取引（今日でいうWin-Win思想）でなければならぬ、そうでなければ長続きがしない。そう考えている。これは正吉の商売に対する根本的な信条であり、東京時代にはずっとそうやってきたし、ここ大阪でも変えるつもりは毛頭もっていない。

だが現実の壁は厚かった。若者の理想論は遅々として進まない。「言うは易し行うは難し」という格言をいやというほど実感させられた。長年の商習慣はまるで悠久の大河の流れのようで、なかなか変わるものではない。しかし正吉は諦めない。熟慮を重ねたこの考えには自信がある。これこそが大阪支店飛躍の礎石《そせき》なのだと、迷うことはない。ただ自分を信じ、ひたすら客先に足を運んだ。

そんな地道な活動を続けるうち、やがてぽつぽつと成果が現れてきた。あれほど固かった薬店の主人の心の窓が開かれはじめ、関係が出来てきたのである。陰日向《かげひなた》のない正吉の誠実な態度と、常に得意先のことを考える控えめな配慮に接し、それほどまで言うのなら一度チャンスを与えてみよう、と思ったのか。商品を置く店頭スペースを増やしてくれたり、目立つ場所に置いてくれるところが増えてきた。そしてその傾向は部下が走り回っている大阪の他の地域、そして後には神戸や京都、奈良などの外郭都市にも広がりを見せはじめた。

とはいっても相手は海千山千の大阪商人である。何だかんだと理屈をこねて、なかなか代金を支払ってくれない。売掛代金の回収率の悪さが新たな頭痛の種となり、この面でも正吉は八面六臂《はちめんろっぴ》の忙しさで駆け回るのだった。

(そろそろ特約株主制度の出番かもしれないな)

会員になってもらうための勧誘だ。これこそが支店開設の最大の狙いである。忙しいからと言って、チャンスを逃すのは愚の骨頂というものだ。正吉は贔屓《ひいき》になってくれそうな客の顔色を見ながら、これはいけると思った相手には、特約株主の意義や利益などについて説明を開始した。株主配当をもらえ、さらには売上高に応じた利益配分もあるというのだ。

——おいしい話にはウラがある。

とばかりに最初は半信半疑で聞いていた主人たちも、理路整然とした正吉の熱心な説明に次第に耳を傾け始めた。とりわけ経営意欲のある主人たちは利益配分の考え方に、実利という利己心が刺激されただけでなく、それと共に突飛《とっぴ》ともいえる新しい手法に乗る勇敢さを試してみたいという進取の気持ちが垣間見えた。一軒、二軒、三軒というふうに、そろりそろりだった滑り出しが、いつの間にかスピードを増して、将来の勝利を予感させるに十分な勢いで着実に株主が誕生していった。

この頃になると、小枝は家事でお手伝いさんの指揮をする一方で、営業の仕事にも多くの時間を割くようになっていた。それは表で動き回る正吉を裏で支えるという、控えめな形で進行した。

正吉はどちらかというと理屈が先に立ってしまう。下戸な体質もあって、得意先の主人と個人的な深まりを築くのが不得手だった。しかしこの業界では彼らの日常生活の中へ身を投げ出していかない限り、正論を唱える表の付き合いだけでは関係構築は難しい。大企業対大企業の商売ならそれほどでもないだろう。しかし現代でもそうだが、どんな業種であれ、小さな組織との商売をスムーズに運ぶには、相手の「私」の領域に入り込む必要があるのだ。いい悪いは別として、これがカギを握ると言っていい。慶弔の機会はまさにその好例であり、絶好のチャンスとなる。

正吉と対照的に、小枝はこまめだった。社員たちから積極的に情報を集め、慶弔があると、正吉に代わって気軽に顔を出した。挨拶のみならず、葬儀などで人手の足りない時には手伝いさえ申し出て、その場で着物にタスキをかけて台所仕事をした。子供の入学祝いや新築、増改築祝いも欠かさない。病気見舞いは面会禁止になっていない限り、どんなに遠くても病院まで足を運んだ。正吉や外商員や配達員たちの表の活動と小枝の裏方としての活動は、ちょうど車の両輪の働きをした。正吉たちの頭脳と口と体が前輪とすれば、小枝の気配りは頼りになる後輪であった。

売上は順調に伸びてきた。一年経たないのに、社員も十五、六名に増えている。そうなると今の家では手狭である。そこで二百メートルほど離れたところの北区浮田町へ引っ越すことにした。大正製薬所の上原正吉のためなら、新しく建物を建てて貸してもいいという家主が現れ、正吉も渡りに船と移ったのだった。

新社屋は前とは比べものにならないほどの堂々たる構えである。道路に面して二階建ての事務所と住居があり、その奥は中庭をへだてて倉庫になっている。そこには商品出し入れに使う手押しのトロッコ用レールも敷かれていた。東京本社からリンゴ箱に詰められて大阪駅まで送られてきた商品が、ここへ荷馬車に積まれて届けられることになっている。

(これで形も整ったな)

あとは中味だ。中味というのは社員の質とヤル気である。これが大阪支店の成功不成功を左右すると、正吉は考えている。だからこそ小枝の理解を得て、社員は最初から全員、住み込みにしたのだった。当時、こんな会話を交わしている。

「分ったわ。あなたの考えを百パーセント理解する外商員を育てるためなのね」

「そう。そのためには同じ屋根の下で飯を食べ、風呂に入り、寝ることだ。そうすることで価値観が共有される。彼らは皆、外商員としては素人だ。薬のことは何も知らない。だからこそやりがいがある。これから商売のやり方をみっちり教えたいと思っている」

実際、正吉は支店営業が終わると、社員教育に渾身の力を振り絞るのである。全員にとって正に二十四時間が営業活動だと言っても大袈裟でない生活だった。平たく言えば合宿だ。

「さあ、はじめるぞ」

外商員や配達員たちが帰社し、夕食を終えて一休みすると、決まって正吉の太い声が食堂に響いた。バタバタという二階への足音が終わると、黒板の前に正吉が立ったまま陣取る。社員たちは木製の長椅子に座り、ノートを手に聞く姿勢になる。

正吉の講義内容は二部構成で、一つは日々、仕事で出くわす問題とその解決策という具体論であり、もう一つは薬に対する製品知識だった。今日で言うところのOn The Job Trainingである。新入社員からはこんな質問が出た。

「今日も迷ったんですが、得意先ではお店の人をどう呼んだらよいのでしょうか」

「いい質問だ。私も最初のころ迷ったもんだ」

どんなに初歩的な質問でも嫌な顔をせず、誇りを傷つけないよう先ず相手を立てた。これは今日のアメリカ企業などで、会議の時に出席者が述べる意見に対し、リーダーが「Good question!（いい質問だ）」と言って、相手にヤル気を起こさせるのに似ている。正吉は答える。

「それはだね、その店の店員がどう呼んでいるかだろうな。それに従ったらいいだろう。もし分らなければ、『ご主人』でいいんじゃないかな」

別の一人が手を上げた。

「今日は商品に何のキズもないのに、主人から突然、返品を言い渡されて困りました。一応、持ち帰りましたが……」

「ちょっと待て。あっさりと引き下がっちゃダメ。そんな時はこう言ったらどうだろう。『この商品はどちら様でもよく売れています。お客様も喜んで下さっていますので、ぜひ引き続き売っていただけませんでしょうか』とかね」

しかし、と付け加えることを忘れない。もし本当に問題のある商品なら、気持ちよく受け取ってくることが大切だ。主人の方も気を遣いながら言っているのだろうから、もしこちらの顔に、面倒だとか厄介だとかの意思が少しでも見えたら、返品を拒絶するよりも悪い印象を与えるから、とていねいに教える。質問は続く。

「商品を配達したときですが、なかなか受け取りの判を押してくれない得意先が結構いるんです。忙しいからなのか、意図的なのか……」

「それはまだこちらの営業方針を十分に説明できていないからだろうね」

と言って、再び押し込み販売（押し売り）や委託販売の問題点を解説するのだった。

そして正吉はその方針を徹底するため、実際に「押し売り防止にご協力下さい……」と印字したビラを刷り、得意先に配った。そのビラの内容が正吉の著書「商売は戦い」にこう記されている。

「押し売り防止にご協力下さい。押し売りは返品の原因となり、返品は生産原価を高騰させ、経営を悪化させる最大の原因となりますので、つぎのとおり、ご協力のほど願い上げます。

お伺いした外商員にご注文下さるときは、必ず外商員が持参する注文用紙を用いさせ、品目数量をお確かめのうえ、最後の行に『以下余白』と記入させ、あとから品目を追加できないようにして、それから、ご判を押して下さい。

『以下余白』と記入していない注文書には、決してご判を押して下さらぬよう、くれぐれも願い上げます」

正吉の一途な思いが伝わってくる。まだある。昭和五年（一九三〇）にワラ半紙に謄写版で刷った袖珍《しゅうちん》型のパンフレットが今も残されている。袖珍というのは着物の袖《そで》の中に入るほどの小型という意味である。これは「配達員心得」と題したもので、正吉が外商員の日常の心得について記したものである。具体的な指示を文書にして全員に配っていた。外商員や配達員は必ず袖の中に入れておかねばならない。例えば返品対応や押し売り、判取りに続けて、こんな項目が含まれている。

○得意先にいわれたことは、細大もらさず聞いてかえって、それを係の外商員なり、主任なりに詳しく報告せよ。

○言葉の多すぎるものは言葉を慎《つつし》め。言葉の少ない者は、何事にも愛嬌よく、言葉を多くするように努力せよ。

○得意先で客が入ってきたら「いらっしゃいませ」、客が買物をすませて帰って行く時は「毎度有難うございます」といえ。

○雨降りのときには雨合羽を脱いでから得意先へ入れ。

○自転車は得意先やお客の邪魔にならぬよう場所と場合を充分考えておろせ。

○辞去するときは、必ず「何かお届けする品はございませんか」と聞いた上で「どうもありがとうございました」とか、「またどうぞお願いいたします」とか、はっきりお礼をいって帰れ。いつ帰ったか、得意先にわからぬような帰り方をしてはいけない。

正吉の講義は白熱し、夜半を回ることもたびたびである。二階の窓はいつ見ても煌々《こうこう》と明かりがついていた。小枝も片付けが済むと隅の椅子に腰掛け、じっと耳を傾ける。時には正吉や社員に質問をするし、堂々と意見を述べた。そのポイントを得た緻密な考え方は並みの外商員では及ばぬものがある。社員たちからも尊敬の念をもって慕われ、大阪弁で「おかあちゃん」と呼ばれた。そして夕食後の二階での講義は、いつの間にか皆から「上原学校」と言われるようになっていた。この学校は正吉が後に東京へ転勤するまで八年余りも続いたのだった。正吉の社員育成への本気度が伝わってくる。

「商売は戦いである。この戦いには、勝つことのみが善である」

正吉はそう言って、皆を叱咤《しった》激励した。しかし、商売の戦いは戦車や大砲によるそれとは違い、進行がきわめて緩慢《かんまん》だ。「戦っている」という実感をなかなか持ちにくい。本人たちが気づかないうちに時間だけが経ち、いつの間にか勝者は繁栄を重ねて業界に君臨する。一方、敗者は倒産、廃業に追い込まれ、ここで勝敗が歴然とするのである。緩慢だからといって、真剣な戦いに情け容赦は存在しないのだ。

「だから商売の戦い、つまり同業者との競争には、必ず勝たねばならないのである」

と、社員たちの顔を一人一人見ながら噛んで含めるように言い、さらに追い討ちをかける。

「そのためには皆さんは、決して金を儲けようとは思うな。目先の利には走るな。ただ競争に勝つことだけを考えろ。そこに知恵を絞り、汗をかいていれば、いつかは必ず勝てるのだ。競争に勝つことほど、生き甲斐を感じるものはないのだ」

しかしこんな忙しい時でも、信じがたいことだが、正吉は寸暇を惜しみ、夜、食事が終わると、英語を習いに週に何度かＹＭＣＡへ通っていた。そんな時は上原学校の方は休講か自習にしていたのだろう。昭和八年（一九三三）六月付け「大阪青年会英語学校」（現ＹＭＣＡ）が発行した正吉の試験成績表が今も残されている。それによると、平均点が九四・六で、席次は四十五人中の一番であった。

ではなぜ英語を習う気になったのかだが、当時すでにスイスのロッシュやドイツのヘキスト、バイエル、アメリカのパークデービスなどの薬品が日本に入りつつあった。英語くらい知っておかねばと思ったのだろう。さらにこれは推測だけれど、いずれ将来、大正製薬所の海外進出を夢見、その基礎を身につけておきたいと考えたのかもしれない。どこまでも夢の大きな青年である。

正吉は文章の書き方も教えた。この頃、外部との正式な商業通信文は、すべて古くからのしきたりである「候文《そうろうぶん》」が使われていた。例えば「致します」は「致し候」、「申し上げます」は「申し上げ候」となる。学校ではすでに教えていないので、若い社員たちは甚だ苦手である。そこで正吉は添削をしながら熱心に書き方を教えるのだが、なかなか進歩せず、とうとう候文の使用を諦めた。

「よしっ、もう候文はやめだ。これから大正製薬所は、口語体の文章を使うことにするぞ」

或る日、そう宣言して、常識破りの行動に出たのである。得意先の中には「失礼な」と気分を害するところも現れたが、正吉は飛んで行き、事情を話して事なきを得たのは一度や二度ではない。それほど口語体への転換は社会に衝撃的であったし、時代を先取りしたものであった。商業文に口語体の文章が使われるようになったのは、正吉の大正製薬所が初めてだったと言われている。

正吉と小枝が商売の世界で懸命に奮闘していた頃、不況にあえいでいた日本社会は昭和六年（一九三一）の満州事変を経て、激動の時代へと突入していた。日本国内に鬱積していた政治、経済への不満がもはや抑えられないほどのエネルギーとなり、陸軍は強引に海の向こうへそのはけ口を向けたのだ。そして翌年、関東軍は満州を占拠して、傀儡《かいらい》の満州国を設立した。植民地化による膨張政策である。

政府と軍部の宣伝で、多くの日本人が開拓民として満州へ移り住み、日本は官民あげて軍国主義へとひた走った。昭和八年（一九三三）二月に国際連盟を脱退し、国民の歓喜の声を背に、いよいよ戦争の準備へとなだれ込む。それに伴い経済は徐々に活気を取り戻し、軍需産業のみならず、一般の企業にも好景気の波が寄せてきた。

その風潮に乗るかのように、大正製薬所も石井社長の主導で朝鮮と満州に支店を設立し、そこへ関西地区の貢献もあって、一気に販路が拡大するのである。石井は社長として、というよりも事業家として、千載一遇ともいえる大きな波の到来を予感し、これに乗らない手はないと考えた。そして以後、薬品以外にも次々と新規事業を立ち上げていくのである。

正吉は漠然とながらも、そんな石井が気がかりだった。満州や朝鮮支店設立にはあまり気が進まなかったが、自分は社長でもないのだからと、石井の決断に従った。しかしその無意識の反動なのか、よりいっそう日常の営業活動に没頭していった。

正吉が丹精こめて養成した外商員も順調に育ち、業績も年毎に伸びていく。社員の数も三次、四次と次々に採用されて、五、六十名にまでふくれた。だが不本意というのか、不思議なことがある。彼らの働きもあって、売上高はどんどん増えていくのだが、どうしたわけか肝心の特約株主の数がそれほど伸びない。大阪市はどうにかこうにか賛同者を確保したが、他の関西地域がさっぱりなのだ。

（どうしてだ。どうして増えないのだろう）

正吉は考え続けた。外商員の努力が足りないからなのか。いやいや、夜の勉強会で報告を聞く限り、それはあり得ない。皆、懸命に説得に駆け回っている。この制度の利点は明らかなのに、頼りの大阪でも勢いが失速気味だし、ましてや地方では完全に行き詰まっている。小枝の意見を求めてみたが、正吉同様、首をひねるばかりだ。だがここぞという時に知恵を出してくれるのも小枝である。

「そうだわ。この際、地方行脚をやってみてはどうかしら。いつか大震災後、東北回りをしたことがあったでしょ」

「あっ、そうか。それがあったな」

コツンと希望のこぶしで頭をたたかれたような心地よさを感じ、と同時に旅館へ帰って小枝のことであれこれ悩んでいた当時のことを思い出し、正吉は思わず心の中で微笑んだ。すぐにでも行ってみようと思った。

昭和九年十月、正吉は実情を詳しく調べるためと、合わせて得意先確保の願いも込めて、近郊の中で最も成績のよくない和歌山、三重、岐阜、滋賀の四県を選び、この順で出張に出た。かなり長い旅になるけれど、小枝が支店の指揮をとってくれるので心配はしていない。

和歌山への汽車のなか、久しぶりの寛《くつろ》ぎを味わった。小枝が作ってくれたお握りを頬張りながら、車窓から流れ込む澄んだ空気を頬に受け、胸いっぱいに吸った。真っ青な大空に白い小さな縮れ雲が一つだけ、どこからなのか、いつの間にか迷い込んだかと思わせる頼りなさで、ぽつんと浮かんでいる。紅葉を前にした木々の緑が山の斜面全体を覆い、その上に夏の残暑をひきずった陽光が静かに落ちて、無数の鏡のように弱々しげに照り映えている。戦争に向かってひた走る世間の狂気じみた喧騒が嘘のように思えた。

はじめはおぼろげだったが、薬店や薬局を回るたび、次第に問題点が見えてきた。最初はあまり言いたがらないのだが、じっくりと話すうち、こちらの真剣さと熱意を知ると、急に親切な顔になり、答えてくれた。田舎には根はいい人が多いと、改めて思った。

多くの得意先は特約株主制度の利点を理解してくれている。だが加入したい気持ちはあっても、資金的に困難だと言うのだ。二十円払い込みの株を最低でも五株、つまり百円持たなければならず、これは並の店ではなかなか難しい。一日の売上が百円に達する店はほとんどないのが実情で、一時に百円用意せよという制度自体に無理がある。ここを何とか解決する方法を見い出さねばならぬ。正吉は宿に戻ると、昼間の訪問記録をつけたあと、負担軽減の方法について思案した。

今回の長旅では大きな収穫を得た。既存顧客とはよりいっそう強い関係が構築できたし、新たな顧客も獲得できた。そして懸案の特約株主制度についても、重大な欠陥があるのを知った。期待以上の収穫だった。家へ帰り着いた時はもう夜半に近かった。

「やっと分ったぞ」

正吉は出張から帰ると、着替えを手伝ってくれる小枝に弾んだ声を投げた。小枝も心得たもので、

「よかった。これで安心ね」

とだけ応じ、それ以上のことは尋ねない。正吉の性分を知っているからだ。風呂も入らずにこれから自室へこもって、何か仕事の続きをしそうな気配を、経験上感じていたのだ。食事を済ませているのを知ると、いったん台所へ入った。それから熱いお茶と饅頭を盆に載せて現れ、「どうぞ」と言って正吉の机の端に置き、そっと部屋から出た。留守中の仕事のことを尋ねられなかったことで、夫の自分に対する信頼の深さを肌身で感じ、妻としてだけでなく、仕事仲間の一員としてもうれしかった。

さて、ここで正吉はこれまでの特約株主制度を改善した新たな方式を考え出すのである。「共生会」と呼ばれる構想がそれだ。端的にいうと、従来、百円の出資がなければ特約株主になれなかったのを、今後はわずか一株、十二円五十銭の出資で簡単に特約株主になれる制度である。

この一株株主である得意先を集めて「共生会」という会員組織の販売網を作るという。そして目玉として、この「共生会」に対し、会員だけに販売してもらう会員専売品を供給して

恩義に応える。専売品は決して問屋や卸商には提供しない。会員と非会員との「差別化」を図ろうというのである。

この「差別化」の発想は、今日のマーケティング戦略の基本をなすもので、八十年も前の古い市場経済という時代性を考えれば、正吉が示した着眼力の鋭さには舌を巻く。当時の大正製薬所の製品群を見ると、大衆薬という限界なのか、機能や品質で他社に差異をつけにくい以上、それならばと発想を転換し、専売品提供という「サービス」の面で競争優位を得ようと考えた。

正吉は会計のことも独力で勉強していた。「共生会」構想を実現するため、つまり十二円五十銭の新株売り出しを可能にするため、増資と減資を伴う四段階の手順を踏むことにした。先ず大正製薬所の現在の資本金百万円のうち四十万円払い込み済みであるのを、もう十万円払い込んで五十万円払い込み済みとし、同時に資本金百万円を五十万円に減資して全額払い込み済みとする。次に新たに五十万円増資して、その四分の一を払い込み、額面は五十円で、十二円五十銭払い込みの新株を発行する。そしてそれを売り出すという仕組みである。

最終構想がまとまると、正吉は上京し、石井社長に具申した。予期に反してというのか、予想通りというのか、石井の反応が鈍い。

「そんな複雑な操作をしてまで、必要な制度なのかね」

と最初は懐疑《かいぎ》的だったが、正吉は諦めない。これはいつの時も見せる石井の癖で、慎重さは経営者として必要な資質でもあると、正吉は考えている。地方出張した時の分厚い報告書を手に、得意先の生の声をつぶさに読んで聞かせ、説得に努めた。これしかないという悲壮なまでの決意と、仕事への情熱が正吉に勇気を与え、その根気よさに押されるかのように石井は承諾した。

「分った、分ったよ。君にはいつもこの手でやられるな」

そう言って、最後はむしろ晴れやかな顔で満足そうにうなずいた。

時を置かず翌年の二月十四日、東京本社で臨時株主総会が開かれ、払い込み、減資、増資、払い込みの順に四段階の決議を経て、共生会制度が承認されたのだった。かくてこの瞬間から大正製薬所の大飛躍へのスタートが切られたのである。

帰阪後、正吉ら小枝も含めた社員全員は猛烈な勧誘に打って出た。効果はたちまち現れた。大阪だけではない。近郊地域の得意先の多くも外商員の説明に熱心に耳を傾け、先に訪れた正吉の誠実そうな顔を重ね合わせながら、共生会会員になる意思表示を快く示した。

東京も含めた全社で三月末には六百十六人しかいなかった特約株主が、半年後の九月末には四倍近い二千三百四十四人に達する大躍進ぶりである。共生会制度は波に乗った。さらに一年後の昭和十一年九月末には、三千二百三十四人にまで急増し、そのうち大阪支店は四分の三にあたる二千四百人を占めたのだった。正吉らの意気込みが如実に伝わってくる。

勧誘にあたり、正吉は外商員たちに知恵を授けている。その一つが「共同工場」の発想である。共生会へ入会することで、薬店や薬局も「共同工場」が持てるというのだ。

元々、彼らの多くは高い金を払って、自家調剤ができる製剤免許を取得していた。自分の薬を売りたいという夢がある。だが現実には個人経営では製剤設備への莫大な投資は難しく、消費者が欲する多種多様な薬を自分で製剤することは事実上、不可能だった。結局、意に反してメーカーが製剤した薬を売るしかない。他人の製品を売るしかない。その不満に正吉は着目したのだった。

十二円五十銭で特約株主の共生会会員になれば、各々はわずかな出資金でも、何千名という会員が集まると大金に化ける。この資金を大正製薬所の工場に投下し、共同で薬を生産し、自家製の専売品として各自の店頭に並べ、消費者に売るという段取りだ。つまり株主として共同工場を経営するわけである。この考え方に多くの得意先が雪崩を打って賛同したのであった。

こうして誰も想像さえしなかった販売革命が道修町で起こったのだった。東京からやってきた一介の小規模薬品会社が、古い暖簾の権威をかさにきて威張ってきた大問屋たちをあわてさせた。支店長自らが大きなボテを積んで自転車で走り回る姿に、彼らは小馬鹿にした態度を見せていたのだが、その余裕も消えて、ライバルの動静に神経をとがらせる日々に変わった。

取引高は急増し、社員も増員に次ぐ増員で、とうとう浮田町の店では動きがとれなくなってきた。もう限界である。大阪へ乗り込んできてから六年半が経った昭和十一年（一九三六）一月、京阪電車関目駅に近い旭区千林町に四百坪近い建坪の堂々たる新社屋を建てた。忙しい正吉に代わり小枝が責任者となって設計をした。現社員百七十名の活動を十分可能にする建物だ。事務室と大きな倉庫、それに二階建ての住み込み社員寮、正吉夫妻も一緒に食事をする社員食堂、さらには上原学校となる四十畳敷きの大講堂と、大阪の地に骨をうずめようとする正吉の覚悟を刻印する証明の場となった。

この年の八月十日、正吉は社員の意思統一を図るため、大阪支店として初めて社内報ともいうべき「美つ葉」を創刊した。ちなみに日本での社内誌の最初の刊行は、明治三十六年（一九〇三）の鐘紡（現カネボウ）兵庫工場の「兵庫の汽笛」だと言われている。

正吉がこのことをどこまで知っていたのかは分からないが、コミュニケーションのツールとして社内報を利用しようと考えたのはさすがである。以後、「美つ葉」は支店長講話、会社からの通達や報告事項、各人の売上成績、勤務状態、商品知識、社員の意見や俳句、川柳などを記した公式の社内文書として位置付けられた。

ちょうど創刊直前の八月一日付けで、大阪支店は大飛躍を期して社内機構を改革し、各部長、主任を任命して、新陣容を発足させていた。創刊号には正吉の次のような訓示が載っている。

「業界混乱の秋にあたり、今日の私があるのはひとえに諸君のお陰であり、深謝する次第であります。社会の進歩は無限であり、一方、我が業界はますます前途多難です。我々はいっそう奮励努力をして、未来の大成を計らねばなりません。また今回の社内改革はひとえにこのためのもので、即ち新鋭堂々の陣を整えて、さらに大飛躍を試みんとするものであります。

私はこの社内報『美つ葉』を発行するにあたって、会社の隆盛を心から願い、努力する所存です。和協、誠実、熟慮は三大社是であります。諸君は仲良く力を合わせて実績を上げ、この上ない真心と誠実さで職責を果たし、事に当たっては熟慮断行と鋭敏なる運用に専念して頂きたいと思います。

今回の組織変更に際し、ひとこと本心を述べさせていただき、訓辞と致します」

また「美つ葉」第二号には「要は人物」と題して、次のような意味の修養講話を載せ、社員教育に汗を流している。

「学問がある方がいいに違いない。才智もある方がいいに違いありません。しかし現在ではそんなことは問題ではなく、ぜひ真面目な人が欲しい、真剣味のある人が欲しい、道徳的の人物が欲しいという切望の声がいたるところ聞こえているのであります。

古今を問わず、東西を論せず、偉人傑士の経歴を調べてみますと、その偉くなった原因は何といってもその人物如何によっています。多くは世間の辛酸をなめ、苦労を味わってだんだん磨かれて玉になったものであります。人間に一番役に立つものは苦労です。偉人といわれる人の伝記が、汗と油で描かれていることが何よりの証拠であります。

熱愛なる諸君！　お互いに苦労しましょう。そして苦労を楽しみましょう。

病気は自己を練る何よりも有難い天の賜、貧困は人物を造る試練場、その間に我々は自己を偉大にしなければなりません。苦労こそ日々に、夜々に諸兄をより強く、より大きく、より美しく築きあげるでしょう」

正吉が常に口を酸っぱくして説いたのは、外商員や配達員は「誠実であれ」ということだった。これは今日、人事の世界でいうコンピテンシー（発揮能力）の中でも、Integrity & Trust、つまり「誠実さと信頼」にあたる。

営業という仕事は他者との交わりの中から商品を買ってもらわねばならない。そのためには人格が最重要で、誠実さと信頼を相手から得ないことには前へ進まない。この人が言うのだから大丈夫、という感覚だ。営業マンに必要なコンピテンシーは多くあるが、その中でも最も重要なこの「誠実さと信頼」という概念を正吉はすでに明確に抽出していたのだった。

さらにもうひとつ重要なこととして、「実力」についても定義している。実力は苦労という修羅場を経験することでつくのだと喝破《かっぱ》し、学歴がよいとか、頭がいいというような架空の力を認めなかった。そして同じ苦労をするのなら、むしろそれを楽しむ気持ちで取り組もうではないかと提案するのである。実際、正吉自身、多くの難問にぶつかったとき、「苦しい」と言ってそこから逃げるのではなく、あえて心の中に「楽しむ」余裕を仮り置きし、心を解放した状態で思考した。

能力というのは二種類に分けられる。保有能力と発揮能力がそれである。保有している能力に行動する能力が掛け合わされて、初めて成果が生まれる。保有能力×発揮能力＝成果である。

物を知っているという知識は重要だが、保有しているだけでは意味がない。原材料のままである。それを使って行動を媒介することで成果に変わるのである。そのためには行動する能力、つまり発揮能力が重要なのだ。正吉が学歴は意味がないと言ったのは、保有能力のまま貯蔵するのではなく、それを活用するための発揮能力を磨けということである。そのために正吉は上原学校で、具体的にどう行動すべきかについて繰り返し教えた。

正吉が教育した項目の中で最も苦労したのは他でもない、社員に巣食った「奉公人根性」の除去であり、そこからの脱却だった。「奉公人根性を捨てよ」と、いくら正吉が上原学校で熱弁しても、なかなか浸透しない。

「一人、一人が『主人根性』『経営者根性』を持たなければならない」

と説いても、反応が鈍い。大正製薬所を囲む道修町全体にまだまだ徒弟制度が根強く残っていて、江戸時代から人の心の奥底に住み着いてきた因習は、明治、大正を経て昭和に入っても、ＤＮＡとなって付着し、なかなか離れないのである。

奉公人根性とはどういうものかについて、こう述べている。

「世間では、働きぶりに陰日なたがあって、主人の見ている前ではクルクルとコマネズミのように働き、目の届かぬところではダラダラとさぼる。上役にはペコペコ頭を下げ、『ご無理ごもっとも』で鼻息をうかがい、迎合これつとめ、下僚や後輩の前では傲然とそりかえる。仕事にはなんの独創性も進歩も示さず小心翼翼、ただあやまちなきを願っている――というような人の心がけを〝奉公人根性〟といい〝勤め人気質〟という」

これは現代企業のビジネスマンの間でも日常、見かける光景である。

社員の採用においても、常識の裏をいく正吉ならではの発想が見られた。都会でも就職が困難な不況が続くさなか、へんぴな地方の農山村では貧困で進学も出来ない有為な若者が仕事もなしに埋もれているに違いない。そんな状況に不憫を感じ、同時にだからこそ優秀な人材を発掘できるチャンスでもあると考えた。そこで地方に住む教師向けの新聞にちょっと変わった求人広告を載せた。

「当社では入社試験は作文と面接だけです」

効果はてきめんで、全国から優秀な若者が大勢応募し、採用された。正吉に言わせれば、その人物の能力や性格の判断は作文を読めば分るという。他の筆記科目は不用だと断じた。脳の倉庫にしまわれた保有能力を試すのではなく、それらを有効に生かす発揮能力の素養があるかどうかを判定しようとした。正吉にとって、学校の名前は意味がない。

さて話は少し前にさかのぼる。昭和七年（一九三二）の正月明けのころ、戦場のようにばたばたしていた大阪支店へ小枝の兄、土屋澄男がひょっこり訪ねてきた。澄男は早稲田実業を卒業してから夜学で土木建築を学んだ苦労人で、内務省（土木、衛生、警察、地方行政を担った）の復興局に勤めていた。ちょうど京都、奈良の古都建造物の視察で出張してきたのを機に、久しぶりに大阪の妹夫婦に会いに来たのだった。

ところが着くとすぐに体の不調を訴え、汽車の中で風邪を引いたと言って、そこで床についた。当時流行《はや》っていた悪性感冒らしく、高熱が続くので堂島の回生病院に入院したのだが、小枝のつきっきりの看護も空しく他界した。肺炎だった。後には幼子の長男義彦（後の参議院議長、埼玉県知事）、二男昭二（後の大正製薬社長、現名誉会長）、三男祐三が残された。

小枝と正吉は子供三人を抱えて途方に暮れる兄嫁をみかね、三児を引き取ろうと申し出た。が結局、長男と三男を残して二男の昭二だけを引き取り、我が子として育てることとなった。そして正吉夫妻には子供が生まれていなかったので、昭二が数え年八歳になったとき、養子として入籍したのである。

昭二は青山学院中等部から東京薬科大学へ進み、卒業後、大正製薬へ入社して、昭和四十八年（一九七三）、四十五歳で社長になっている。

東京の和光園の管理人をしていた小枝の父土屋仁作は、長男澄男の死に打ちひしがれ、生きる気力をなくした。大工の頭領としての生活は安定し、地元の信頼も厚かった。長年町会議員をしており、政治家としての夢を実現したいと、次には東京府の府会議員を目指していた。だがそれらの希望もすべて打ち捨て、妻とともに故郷の伊豆へ帰った。そこで酒屋を始めたのだった。

小枝の悲しみも尋常ではない。人前では涙を見せなかったが、一人になると枯れるほど泣いた。兄がわざわざ自分を訪ねてきていなかったら、病気にはならなかったかもしれないと、自分に責があるかのように悔やんだ。

だが父と母の悲しみを見て、自分までが同じではますます両親を不幸にすることに気がついた。悲しみの心に鞭を打ち、仕事の忙しさへ体を引っ張った。そして何よりも昭二を立派に育てることが、両親と、そして亡くなった兄への恩返しだと心に誓ったのである。

正吉も同じだ。もっと素早い対応をしていれば助かったかもしれないと、深い自責にかられていたのだが、小枝の思い詰めた心の声を聞き、ようやくかすかな安らぎを得た。そして小枝の気持ちを自分も共有し、昭二を中心として、小枝との二人三脚でこれからの人生を生き抜いていこうと決心した。きっと義兄の澄男があの世から応援の目で見守ってくれている。そんな励まされるような気持ちを意識的に自分に課し、前向きの歩を進めた。

以後、この夫妻は懸命に商売に生き、力を合わせて大正製薬を成功させるのだが、いつも心の深いところに澄男の存在があったのではないかと思われる。

6　雨降って地固まる

大正製薬所社長の石井はこのところ気分がいい。朝鮮と満州に支店を開設した頃のことである。事業意欲旺盛で、新製品の開発にも力を入れていた。新栄養剤を開発しようと、京都大学出身の技術者を迎え、小石川の本社敷地内に「日本微生物研究所」を設立した。

東京大学農学部の協力の下に、酵母と肝油を組み合わせた酵母剤「ヘーフェ」を改良し、それにクローバーからの抽出物を配合した新栄養剤「ネオネオギー」を開発して、大々的に売り出した。この「ネオネオギー」という商品名は「新しい」というドイツ語のネオと、エネルギーを組み合わせている。

「体素」以来の久々の目玉商品である。石井はこれに入れ込んだ。幸い大阪支店の活躍で社業も大きく好転している。持ち前の宣伝好きが頭をもたげ、大胆な広告攻勢に出た。新聞二ページ見開きの広告で、さすがに同業者たちも度肝を抜かれた。せいぜい一ページの広告は打つことがあっても、そこまでやるところはない。昭和八年（一九三三）十月、東京の有力紙を皮切りに、関西、そして全国の新聞にと、「ネオネオギー」の華々しい広告が載りはじめた。横綱双葉山を使った大きな写真広告が新聞に出ない日はない。

この広告に関し、正吉は事前に石井から相談を受けていた。内心は乗り気ではなかったが、石井の性格を知り抜いていたのと、事業拡張への熱意に負け、条件つきで賛同した。ただ石井の思いつきで走るのではなく、専門のスタッフを揃えて効果的な方法を考えるようにとアドバイスすることで妥協したのだった。だがこの妥協を正吉は後に後悔することになる。

「ネオネオギーは問屋を通して売るぞ」

石井は販売方法でも自説を通した。特約店との直接取引ではなく、問屋に気を遣い、彼らの売り込みに期待したのである。ところが売上はあまり伸びず、宣伝費を回収するところまではとてもいきそうにない。それでも石井は諦めない。もう少し、もう少しの辛抱だと、そんな気持ちに押され、強気で大宣伝を続けた。そしてやがてこれが大正製薬所の体力を確実にむしばんでいくこととなる。

時とともに正吉の懸念は徐々に現実化していくが、それはそれとして、正吉自身は大阪支店の飛躍に向けて全力投球を続けていた。だがそんな小さな努力をあざ笑うかのように、時代は激しく動き、いっそう風雲急を告げていた。軍部の中国大陸への侵略はまるでブレーキのない暴走車と化した。昭和十二年（一九三七）七月、ついに盧溝橋で中国軍と衝突する事態となり、急速に戦争への道に向かっていくのであった。

しかしそれは政府と軍部の目論見《もくろみ》通りの効果をもたらし、軍需産業を中心とする景気回復への力強い牽引車となって、国内は活気づいた。石井もこの機に乗じ、幾つかの新規事業に乗り出していた。

「いよいよ戦争だ。そうなると、鉱物がいる。先ずは鉱山事業だな」

そう計算した石井は業績好調な大正製薬所を担保に資金を借り入れ、「東京産金株式会社」という看板を掲げて鉱山経営をはじめた。また「石井鉱業所」の社長になって、栃木県宝生鉱山や和歌山県松沢鉱山を経営。日本鉱業株式会社社長、日生鉱業株式会社社長なども兼務していた。

このころ石井は鉱山経営の方で忙しく、日本橋区堀留町へ移転していた大正製薬所の本社に出勤するが、製薬現場にはほとんど顔を見せていない。主《あるじ》不在のまま、社員たちは販売拡張に死に物狂いで取り組み、その一方で経理の幹部らは鉱山経営のための資金繰りにも駆けずり回らねばならなかった。

増え続ける「ネオネオギー」の広告費といい、鉱山経営といい、大阪にいる正吉にとっては気にかからないと言っては嘘になるが、社長である石井が関東以北を管轄している以上、あれこれ口出しするわけにもいかない。ならばよりいっそう大阪支店を強固なものに築き上げていかねばならぬ。大阪は大阪として、いわば独立会社のような意気込みでやっていこう。

そうすることが会社全体を支えることにもなるのだと、懸命に共生会の組織づくりに奮闘するのだった。

共生会についての正吉の方針は明確である。自主性を重んじた。会員の相次ぐ増加で、今では大阪、京都、滋賀、奈良、和歌山、神戸をはじめ、関西の各地に共生会支部が結成されている。各支部の会長や役員は選挙で選ばれ、毎月会合をもつ。そこで会の方針や製品、価格等について意見を述べ合い、本部にも伝えるのだ。

それらが本部で採用される時もあれば、そうでない時もある。だがそれで構わないと皆が思っている。どうすれば自分たちの共同工場がよくなるか。その一点で意見交換をした。共生会は与えられたものではなく、自分たちの相互組織だという意識が共有され、その団結力が、上に伸びて広がる螺旋《らせん》階段のように売上高の飛躍的な増大をもたらした。

——打倒東京本社！

正吉はとてつもなく大きな目標を掲げた。夢のまた夢であるが、それに向け懸命に社員を引っ張った。しかも何年ものあいだ休むこともなく続けた。深夜まで消えない上原学校の灯火は、悲願達成に向けた無言の合言葉であった。社員たちはその灯の明るさに勇気づけられ、喜んで能力向上のための作業に自分を駆り立てた。

刻苦勉励のエートス（勤労道徳）が大阪支店全体を覆い、内部は空気が張りつめたドッジボールのように、力強い積極的な緊張がぱんぱんにみなぎっていた。社員にヤル気を起こさせるこのエートスの醸成こそが、正吉が最も力を注いだことである。そしてようやくその成果が見える形で姿を現しつつあった。

昭和十二年（一九三七）二月、正吉は本社から送られてきた東京と大阪支店の一月までの営業成績表を見て、胸を躍らせた。長年の夢が実現しそうなのだ。今一息で東京を追い越せそうな数字が載っている。十八期一月までの累計比較だが、売上高、代金回収高、収益高のどの項目でもかなり肉薄してきた。

「なかでも、この一月は愉快ではないか」

そう言って、願望がかないそうな瞬間に見せる躍動の輝きを眼に溜めながら、周りの社員にうれしそうに成績表を見せた。売上高と収益高はその差五％ほどに迫り、代金回収高では大阪が五十％も凌駕《りょうが》した。八月も躍進を続け、九月には全項目で東京を上回った。

それを祝賀するためにその秋、ハイキングを挙行した。正吉夫妻をはじめ、外商員の内の精鋭五十六名が三重県赤目の四十八滝へ行き、その帰途、会社近くの天満で祝杯を上げたのだった。

「好事魔多し」という言葉がある。物事はうまくいかないものだ。歓喜で湧く大阪支店を不吉な雲が包み始めた。それは最初、製品の配送遅れから始まった。本社から商品が届かないのだ。販路が拡大し、日に日に伸びる売上に対処せねばならないのに、まさかの品切れである。好調なあまり生産が追いつかないのかと思いきや、どうもそんな前向きの理由ではないらしい。資金不足で原材料が思うように入ってこないのだという。

大阪から電報や電話で盛んに催促するのだが、どうにもならない。このままでは折角の得意先が逃げてしまう。下手をすれば長期に及ぶかもしれない。困った正吉は待ったなしの対応を迫られた。どんな手を使ってでも、販路だけは維持せねばならない。

「仕方ない。よその会社の製品を売り込もう」

もちろん競合会社の薬ではない。薬店や薬局で扱える品物は何でも見つけ出せ、という指令を出し、いっせいに商品探しが始まった。絆創膏や化粧品、ミルク、石鹸、蚊取り線香、歯ブラシ等、あちこちのメーカーからかき集めてきて、片っ端から得意先に配達した。これらの商品のうち、今でも歯ブラシは大正製薬では売られている。

この正吉の窮余の一策で、品揃えが増えた結果、かえって売上を増やすこととなった。怪我の功名と言うべきか、転んでもただでは起きない根性と知恵の賜《たまもの》とでも言うべきか、大阪支店は嵐に耐えて踏ん張っている。

東京本社も手をこまねいていたわけではない。何とか製品を作ろうとして借金に奔走するのだが、それがことごとく高金利で、ますます深みにはまっていった。例えば百円借りるのに、金利とブローカー料などで六十円も取られ、製品に振り向けられる金額はたった四十円という具合で、今日のサラ金まがいの地獄絵図だった。

それほど窮迫したのには理由がある。「ネオネオギー」の膨大な広告費が恒常的に経営を圧迫する一方、それ以上に本業以外の鉱山会社の経営が足を引っ張っていた。借金に次ぐ借金で、青息吐息の経営に追い込まれていたのである。石井社長の同族で固めた本社の幹部たちは、新たな借金の工面や返済の算段に追われたり、手形の書き換えに四苦八苦するなど、地に足が着いていない。巨額の借金に加え、百万円の資本金までがとうとう六十万円の大穴をあける始末だ。

——大正製薬所が危ないぞ。

そんな噂が関東一円で一人歩きした。原料代や製品を詰める瓶、紙器、箱代などの支払いが滞《とどこお》り、出入り業者が恐がって納品しなくなっている。大阪へ製品が届かないのも無理はない。もはや東京本社は倒産寸前にまで追い込まれていたのだった。借金取りは毎日のように入れ替わり立ち代わり会社を訪れてくる。一応、幹部たちが応対するけれど、時には石井も引っ張り出されて矢面に立たされる。

正月が明け、会社がはじまったが、門前の門松だけが威勢よく、立派な構えである。だが石井の心のなかはまるで通夜のように沈んで暗い。この日も部屋を出る借金取りの贅肉のついた背中を見ながら、深いため息をついた。

（後は上原君に頼るしかないな……）

もはやこれしかないと思った。大阪支店をここまで躍進させた彼の手腕には正直、脱帽している。「ネオネオギー」の広告についても最初から懐疑的な意見を述べていた。ましてや鉱山経営には無関心をよそおっているが、そうであればあるほど内心で反撥していたのはとっくに自分も気づいていた。今となっては後の祭りだが、この窮状を打開できるのは上原君以外にはいない。思いつめた石井はとうとう正吉に、

「会社経営のことで相談があるので至急上京されたい」

とうながした。

だが正吉は動かなかった。その気にならないからである。石井社長の尻拭いをさせられるのが嫌だからではない。第六感にしか過ぎないが、どうも本社には自分を排斥しようとする空気があるのを薄々感じていた。石井は何度か督促してきたが、その都度正吉は同じ返事を繰り返し、やんわりと断った。

「お言葉は有難いのですが、どうやら私には大阪の水が合っているようです。この地で頑張らせていただきたいと思います」

昭和十三年（一九三八）二月、もう待てないとばかりに、石井は正吉が出張中なのを見越

して、東京みやげの煎餅を持って大阪へ乗り込んで来た。小枝に会うためである。小枝の口から正吉を説得してもらおうという算段だ。駆け引きの手間など不要で、単刀直入に懇願した。精一杯の譲歩を示した。

「この危機を救えるのは上原君以外にはいません。薬の方はぜんぶ彼にまかせるつもりです。ぜひ上京してほしい」

小枝は思わず目を見開いた。聞き間違いではないかと、失礼になるのも忘れて尋ね返した。

「じゃあ、石井社長は……どうなさるのですか」

「私は鉱山経営に専念します。製薬の方にはいっさい口をはさむつもりはありません。名義上の社長に引き下がるつもりです」

後で小枝からこの話を聞いて、正吉は頭をかかえた。恩ある石井社長に報いたい気持ちは山々だが、つい先日も洩れてきた本社の動きにはもううんざりなのだ。本社では上原排斥の気運がますます高まっているという。

そのころ東京本社では、いざ正吉が東京へ戻ってきそうだと知ると、石井の同族の重役ら幹部たちが急に態度を変えた。姻戚《いんせき》でも何でもない上原に経営の実権を奪われるのが癪《しゃく》で癪でたまらない。最初はあれほど経営の失敗で狼狽していたのに、ただ権力を失うという損得感情だけが突然に頭の中で暴れ出し、上原排斥に血道を上げ出したのだ。ありもしない風評をでっち上げ、まことしやかに社員の耳に吹き込んだ。

「アイツは成績一点張りの冷酷な考え方の男だ。本社を引っ掻き回そうとしているぞ」

「大阪で成功して自信過剰になっているそうだ。部下の人事は特にひどい。ちょっと成績が悪いと、理由の如何を問わずにさっそく呼びつけて、情け容赦もなく、バッサリやってしまうらしい」

「上原は東京本社の連中を甘く見ている。大阪支店の外商員をそっくりそのまま東京へ連れてきて、逆に東京の外商員をそっくり大阪へ移す腹のようだ」

などと、正吉を好き放題に誹謗《ひぼう》して、

「だから我々は、団結して上原排斥をやらなければ、とんでもないことになる」

と反対運動に奔走した。社員たちも素直に洗脳され、まるで敵の一個連隊を待ち構えるかのような戦闘の心理で身構えた。そんな不穏な動きを聞き及んで、正吉は気が進まなかったのだが、小枝の一言で考えを変えた。

「感情に感情で応じるのはどうかしら、幹部がその程度だから経営がおかしくなったんでしょう。そんな連中と張り合ってはこちらの負けです。ここは石井社長のご恩に報いるという一点で判断するべきだと思います」

日を置かず正吉は上京し、石井と話し合った。

「頼む、上原君。製薬の仕事はいっさい君にまかせるから、この私を助けると思って引き受けてくれないか」

返事をするまでもない。正吉はかっと見開いた眼を相手に当てたまま、黙って受諾の頭を下げた。「まかせる」という言葉をじかに恩ある石井の口から聞き、再び心の中に迷いのない挑戦の意欲が満ちてきた。

最悪だからこそ、やり甲斐があるというものだ。大阪へ行った時もそうだった。安売り合戦で薬業界は疲弊していた。その時の気持ちを何年ぶりかで思い出し、待ち受けるあらゆる困難にも体当たりしていく覚悟が、波のうねりを思わせる強い勢いで心の奥底からせり上がってきた。

大阪支店を去る前、最後の社員会でこう述べている。

「……諸君にくれぐれもお願いしておきたいことがあります。それは各自が銘々、素行を謹んで貰いたいということです。いくら頭がよくても、どんなに腕がたっても、そこに欠点があれば何にもならない。あの男なら大丈夫、あの人なら何をまかせても安心だと皆が言われるよう、自己を省み、勉強していただきたいのです」

上原学校で何度も語られた言葉だが、いかにも正吉らしい。誠実さと正直が営業マンの基本だという信念を、くどいと言われようと何と言われようと、どうしても最後の言葉として残しておきたかったのだろう。

三月初旬、引越準備もそこそこに、ばたばたと忙《せわ》しないうちに正吉と小枝は再び東京の土を踏んだ。まだ空気は冷たいが、もう春の誘いが空間に張りつめ、木々の若芽や空き地に生えた草花を待ち遠しそうに急《せ》かせている。戦争にひた走る危険な活気が街中に重く充満し、政治と軍部、経済が複合した首都だけあって、大阪よりもはるかに赤裸々な期待感と興奮が渦巻いていた。

そんななか正吉は大阪支店から数名のベテラン外商員だけを連れて赴任してきた。新しい家が出来るまでのあいだ戸塚町の社長宅の近くに借家を探し、そこに彼らを寝泊まりさせた。

それからしばらく経った五月、予定通り株主総会で正式に常務取締役に任命され、実質的な大正製薬所の最高責任者となった。これからは常務取締役営業部長として東京と大阪の両方を管轄しなければならない。

最初、会社に現れた正吉と数名の外商員を見て、本社の社員たちは出鼻をくじかれたように、「おやっ?」という困惑の色を見せた。団体で大挙、押し寄せてくると思っていたのだが、手勢はほんの二、三名しか連れてきていない。それに大阪式にバリバリやられたのではたまったものではないと、皆で抵抗しようと言い合わせていたのに、見事に肩透かしを食らった。

というのは、手勢たちはいつもにこにこと愛想がよく、下手《したて》に出て、いかにも働くのが楽しそうなのだ。暗い表情など、どこにもない。言葉はふにゃふにゃで間延びしていても、控えめな意思の強さが眼を明るく輝かせている。人の目も気にせず、朝早くから地理不案内な慣れない東京の街へ、誰よりも早く自転車で飛び出していくのである。

社員たちはその無鉄砲とも思えるほどの純な意気込みに、

「何とまあ……」

と呆れた顔をするが、内心では当てがはずれてしまって、どう対処すればいいのか困っているふうなのだ。中には拳《こぶし》を振り上げた自分への気恥ずかしさを感じるのか、何だか見たくないものを見てしまった具合悪さを隠すように、目をそらす者も出てきた。

正吉自身も決して威張ることがなく、いつも和気あいあいの精神で部下に接している。自転車にも乗るわ、借金取りとも掛け合うわで、自分が泥をかぶり、陣頭に立って引っ張った。

正吉は会社建て直しの方針として、決めていることがある。それは何も目新しいものではない。ただ全社的な経費の徹底的な節減と、社員の心の中の愛社心を奮い起こして活を入れ、全社一丸となって当たることである。人員削減や事業整理などはまったく考えてはいない。

そして初日からその考えを社員に訓示し、実行に移した。

社員たちは徐々に正吉への警戒を解いていった。

――上原常務は非情冷酷な男だ。

と散々聞かされたが、そんなことを言いふらしたヤツは誰だ、と今更ながら下《くだ》らない中傷に踊らされた自分たちを恥じる気になった。

しかし、この時でも石井の縁戚者以外に、筋金入りの抵抗者がいなかったわけではない。或るとき地方出張する外商員たちとの会議があって、出張費の値上げを切り出した男がいた。仲間と打ち合わせた上で新常務にからんでやろうという魂胆だ。

「出張者は皆、家庭の団欒《だんらん》を犠牲にしているのだから、特別の出張費を認めてもらいたい」

というのである。正吉は相手の意図が見え透いているので、落ち着いたものだ。顔色一つ変えずにこう答えている。

「なるほど。あなたにそういう犠牲を払わせるのは実にお気の毒だ。今日から地方出張をやめて、東京市の外商員として働いてもらって結構です。あなたが出張しないで家庭にいれば、犠牲になることはありませんからね」

そして、「もっとも私はあなたのようには考えていませんけどもね」と笑って付け足した。勝負ありの雰囲気がぱっとその場に広がった。それ以後、馬鹿げた抵抗は影をひそめ、正吉の指示が素直に受け入れられるようになっていったのだった。

赴任早々、正吉は大阪の社内報「美つ葉」にならって、今度は東京と大阪を併合した「かたばみ」を発行した。昭和十三年（一九三八）三月二十六日発行の創刊号で、正吉は次のように述べている。

「……掲載の記事は隅から隅まで熟読玩味し、後、号を追ってこれを綴り込み、鄭重に保存しなければならぬ。『かたばみ』には社内、部内のニュースを掲載する。諸君からの通信、報告を転載する。希望、意見、建言、献策を収載する。

部へ下りた命令、指示、発布された社則、社規、部内に於ける諸規定も『かたばみ』によって公示する。

尊い外商社員の戦歴譜や、貴重な内勤社員の事務改善を発表し、その功績を顕揚するのも、部内の指導精神、部内の運営方針を紙面に盛って、部員を啓発誘導するのも、また『かたばみ』の使命とする。

いわば部内の官報であり、官報付録である。一度紙上に載ったことは『知らなかった』という理由で責任を逃れることを許さないものと承知せられたい。……」

正吉は「かたばみ」を最大限に利用した。毎月、外商員の成績順位を詳しく掲載し、優秀な者には褒美《ほうび》として背広を一着与えるという。当時、公務員の初任給が七十五円であり、オーダーメイドの背広一着が七十円だったことを考えると、破格の報奨だった。これには東京の社員たちは驚いた。自分たちの働きぶりが白日の下にさらけ出されるのだ。いやが上にも競争心が煽《あお》られた。そして個人の競争だけでなく、正吉は東京と大阪を団体で競わせる戦法も考え、煽ったのである。

「共生会の現勢図」と題した日本地図に、全国五十一の支部と四千名の会員がいるところを黒く塗りつぶして数字を付し、一目で分るようにした。すると近畿や四国、九州など、大阪支店管轄地域が圧倒的に黒く塗られている。東京の完敗ぶりが明白に示されていた。正吉は「かたばみ」で訴える。

「大正製薬は……（以前は）『京浜市中は大正の地盤が固くて手がつけられない』とあらゆる本舗に長嘆息を発せしめたのだが、そのお膝元が、その後生まれた日の出製薬や……等の餌食となって食い荒らされ……ている。最近の成績を新興大阪市内部の成績と比較すると、半分に落ちている。昔は昔、今は今だ。今日から開業の決心で、サァ、猛然と奮い起とうではないか」

正吉は忙しい中をやり繰りし、「かたばみ」に健筆を奮った。商品説明、業界知識、外商員や配達員の心得など、もうお手のもので、即役立つ形で分りやすく載せた。上原学校を思わせる定期的な外商員会議も開き、あの手この手を使って社員教育に心血を注いだのだった。効果はてきめんだ。数ヵ月もしないうちに外商員の成績が上がりはじめた。皆、巧みに競争心理を刺激され、自分もやれば出来るのだという認識が新たな励みになり、だれた社内の雰囲気に取って代わって、しゃきっとした空気がみなぎってきた。

「大阪に負けるな」の合言葉に、東京勢は俄然奮い立ち、長い眠りから覚めたあとの倍加したエネルギーで仕事に向かった。大阪も負けてはいない。火花を散らす激闘が続き、勝ったり負けたりの伯仲した状況の継続は、そのまま会社業績の向上へとつながった。

経費削減にも正吉は真っ向から切り込んだ。やたら一律の経費カットや人員整理をするのではなく、生産の合理化によって削減しようと考えた。それは製造の原価を下げることに尽きる。

上京してきて間もない頃のことだ。営業で駆け回っているなか、どうにか時間をこしらえ、或る日、高田南町の工場を訪れた。作業室へ来ると、目の前で大勢の女子作業員たちが匙《さじ》で薬を計量し、包装紙に包んでいる。ゆっくり歩きながら眺めていたが、一人の作業員の前で立ち止まると、目を食い入るようにして観察した。やがて納得したふうにうなずいたあと、事務所にいる主任を呼んだ。低い声で耳打ちするように言った。

「この作業のやり方。これではダメだね。無駄が多すぎる」

年かさの主任はいきなりケチをつけられたような気がし、ムッとした横顔を返した。

「と言いますと？」

「よく見てごらん。包装紙の持ち方、匙の使い方、薬の入っている箱の置き方など、皆、てんでんばらばらだ。速い人もいれば遅い人もいる」

と言って、指先で小さく目前の女性を指した。いかにも要領よく、時間を計ったかのような正確な間隔でてきぱきと作業をこなしている。

「実に手際がいい。そう思いませんか」

「まあ、この人は特別器用なようですな」

まだ不機嫌を引きずったまま主任は答えた。余計な世話だ。製造の素人が何を言うかと、反抗の感情を抑えきれないでいる。正吉は気づかぬように、むしろ表情を緩《ゆる》めながら続けた。

「だからこそ、ここに経費削減のヒントがある。標準化です。作業の標準化を進めてもらえませんか」

最も速く、最も正確に包装する人の作業を観察し、詳しく分析する。匙はどう持つのが能率的か、包装紙はどこへ置き、それをどういう順序で折るのがよいか、薬箱の位置はどこがいいかなど、熟練した作業員と相談して、最も能率的な作業基準を作って欲しいのだと言う。

「それが完成したら、全員に実施させてもらえませんか。間違いなく効率が上がるはずですから」

主任は不承不承ながらも、命令通り作業手順を分析し、標準書を作り上げた。そして皆にその通りやらせてみて、能率が格段に向上したことに驚いた。以後、科学的に分析して工夫するという習慣が、製造現場に定着していくことになる。

ここで正吉が採用した方法、つまり「最も効率的な作業員」をモデルにして、そこから効果を生む行動特性を抽出するやり方は、正に今日のコンピテンシー人事で使われている手法に他ならない。高業績者の行動特性を抽出し、それを並の社員にもやらせて、全体として高い成果を目指す手法だ。営業マンの特性の中で「誠実さ」を最も重要なものと喝破したのもそうだが、正吉はあの時代に、意識せずに今日のコンピテンシー理論を実践していたのだった。

その日の帰り際、主任に宿題を与えている。

「現在使っている紙函（紙の箱）と瓶は何種類あるのか、調べておいてくれませんか」

「はあ、でも、何に使うんですか」

製品の包装紙と容器の規格を統一し、単純化するというのだ。当時、三百種類ほどの薬を作っていたが、製品の内容や容量が少しでも違うと、すべて包装や容器を新しい別のものに作り変えて、他と区別していた。新製品が開発されると、そのたびにそれに合う新しい型の瓶を作り、その口径に合うキャップを作り、紙器や紙箱をこしらえたのだ。それらの在庫が山のように倉庫に積み上げられていた。

もっとも大正製薬所だけがそうなのではなく、どの薬品会社も同様の無駄を何の意識もなく踏襲していた。化粧品と同じく、薬もどこか他のものと変わったものを作らなければ売れない。そんな偏《かたよ》った考え方が支配的だった。だが正吉はその常識を疑った。

「薬は器より中味で売るものだ」

と公言し、宿題の答えが出ると、すぐに行動に移した。再び工場へやってきて、紙函のサンプルを試作させた。原紙にほんのわずかの無駄も出ないように厳密に寸法を割り出させ、同時に種類も減らした。その結果、それまで百四十種類あった紙函の型を三十余種にまで統一することが出来、原紙の使用料も大幅に減少させたのである。

瓶型も好き放題に作っていたのを規格化した。百何十種類もあったのを一気に四分の一に圧縮した。キャップも同様だ。ばらばらだった瓶の口径を統一し、三百種類だった口径をたったの三種類にまで絞り込んだ。

瓶の大きさ自体は、容量が異なれば、同じ型にするのは不可能で、違って当たり前。しかし瓶の口の大きさは、容量の如何にかかわらず、同一であっても一向に差し支えない。その信念のもとに口径の統一化も断行した。

効果はてきめんに現れた。これまで瓶は少量ずつ手工業的な方法で作られてきたのだが、合理化が進むにつれ、一度に大量に、しかも自動的に製造されるようになり、三割ほどのコスト減となった。

　合理化の波はそれだけに留まらなかった。敷地内に印刷工場まで造ったのである。というのは会社では包装紙のみならず、効能書きや事務用書類、宣伝用チラシ、外商員の名刺など、大量の印刷物を印刷屋に外注していた。ところが調べてみると、その値段が非常に高いのが判明したのだ。

　印刷屋の主な得意先は薬屋と化粧品屋、出版社の三つである。出版社は浮き沈みが激しく、一山当てれば大儲けするが、はずれたら返品の山となり、倒産さえ起こる。そうなると印刷屋も共倒れになるので、いきおい他の顧客に保険をかける。つまり薬屋と化粧品屋への売値を高くして、そこで儲けを貯えて万が一の危険に備えるのである。だから製薬会社が印刷物を外注している限り、いつまでも高い値段を払い続けねばならない仕組みになっていた。

「こんな不合理なことはない」

　正吉は迷いもなく、平板、オフセットの最新の印刷機を据え、植字工も雇って本格的な自給をはじめた。印刷費はたちまち半分以下にまで下がった。印刷工場のみならず、その後紙函工場も自前で造っている。

　工場建設は大事業である。失敗は許されない。いくら八面六臂の正吉とはいえ、あくまでも営業が主戦場であり、時間がない。ここは小枝の全面的な協力を仰いだ。工場建設のために工作部を作り、小枝を責任者に任命して進めたのだった。

腕のある職人を揃えるのはた易い時代ではなかったが、小枝は駆けずり回り、大工や左官、工作、ブリキ、建具などの各種の職人を集め、技術の自給体制を確立した。工作部員だけでも二百人に達したという。

それを統括したのは東大工学部卒の部長で、彼の指揮のもと機械や電気、ボイラー、排水などの責任者には技術専門学校の卒業生をあてた。工場の運転、保守、修理はもちろんのこと、精密機械を作る部門さえ持っていた。工作部は自前で何でもつくれるようになり、設備のみならず工場でさえ次々と建設したのだった。その意味で当時の大正製薬所は同じ製薬業者の中でも極めて異質であった。薬のみならず、関連資材を製造する工場まで自家建設し、自己の力ですべてを完結する形を整えた。

時代と場所は大きく異なるが、これは十八世紀にイギリスで起こった産業革命前のマニュファクチュア（工場制手工業）で見られた形態に類似している。当時、毛織物業を主体とする農村工業が勃興し、使う道具はまだ機械ではなく手動であるが、必要な道具や設備、修理、鍛冶、工場建設など、何でもかでも自分の腕一本で作り上げ、成し遂げた。その後、産業革命が起こって機械が出現し、今日の大規模な工場制機械工場へと発達するのである。

正吉の時代はすでにこの工場制機械工場の資本主義が発展して円熟し、製薬にせよ重工業にせよ繊維にせよ化学にせよ、どのメーカーもその製品を製造販売する「本業」に徹した。製品に関係する資材だからといって、或いは製品を製造する機械だからといって、何もかも工場を造って自給自足する習慣はない。

だから正吉の動きはそんな経営思想と、そして成熟した資本主義という時代に、真っ向から挑戦する冒険であった。本人は認識していなかったが、まるで三世紀も前のイギリスで見られたマニュファクチュア時代の経営形態、自己完結の経営形態を体現していたのだ。

――経費を削減する。

という目下の目標を達成するため、あえて常識に逆らって冒険に挑んだ正吉の敢闘精神は、およそサラリーマン的ではない。もし失敗したらと思うと、二の足を踏むのが雇われ者としての人間心理であろう。だが正吉は猛然とそれを敢行するのである。会社のためになるなら、個人の名誉の維持や責任回避など、どうでもいい。というより、そんな考えが入り込む余地は微塵もなかった。正吉が口を酸っぱくして唱えた「奉公人根性を捨てよ」「主人根性を持て」というスローガンを自ら実践していたのである。しかしその陰には工場建設や生産管理、はたまた事務部門の管理などを担当した小枝の骨身を惜しまぬ貢献があったのを忘れてはならない。

東京、大阪とも、外商員の奮起は目覚しかった。進んで正吉の手のひらの上に乗り、目の色を変え、競争を楽しむかとも見える高揚した気分で、西に東にと商いに走った。売上は急上昇し、そこへ矢継ぎ早に放った製造の経費削減策も加わって、二年目が暮れないうちに早くも借金返済と六十万円の大穴を埋める目途がついたのである。

（借金とはこんなに苦しいものであったのか）

貴重な勉強をしたと正吉は思った。これを他山の石とし、今後は借金のない経営をしなければならないと心に誓うのである。そして以後、会社の大方針として無借金経営を貫き、その伝統は正吉が去った後の平成の今日にまで続いている。

再建の目途はついたが、正吉の社員教育への炎はなおも燃え続ける。社員の躾《しつけ》に関して、三つの禁令を課した。その第一は社員間で金銭の貸し借りをしてはならないということ。第二に社員間での年末年始の贈答の禁止、第三に仕入先などからの饗応《きょうおう》や贈り物はいっさい辞退すること、であった。

それというのも会社が借金をかかえて疲弊し、資金繰りに奔走しているとき、正吉は社員間でも金銭関係が乱れていることに気がついた。金銭や物品を気軽に貸借し、返済されないからといって絶えずもめている。この社員にしてこの会社あり、とでもいうのか。こんなことでは会社再建どころか、得意先からも人間的に信用されるはずがない。そう考えた正吉は金品の貸借を厳格に禁じ、違反者は減俸または減賞に処すと宣言した。

社員間の贈答禁止も徹底された。違反した者は「かたばみ」紙上に氏名を載せ、減給あるべしと明言している。三つ目の饗応や贈り物辞退の命令はやや遅れて通達された。もし原材料の納入業者が社員に贈り物をしたことが分ったら、その社との取引を停止するという厳しい内容であった。その旨、業者にも丁重に通知している。

正吉が再建に死力を尽くしていたころ、海の向こうのヨーロッパでは、列強の対立はもはや不可避なところまで来ていた。そしてついに昭和十四年（一九三九）九月一日、ナチスドイツ軍がポーランドに侵攻し、第二次世界大戦の火蓋が切られた。

日本もそれに先立ち、着々と戦争準備に励んでいた。その前年に国家総動員法が制定され、すべての人的・物的資源が政府の手中で統制されることとなった。国家のすべてを軍需へ注ぎ込み、総力体制をとろうというのだ。

もちろん医薬品業界も統制下に置かれた。日本医薬品輸入統制会が発足して、輸入医薬品の統制がはじまった。続いて翌年、全国医薬品原材料配給統制会が設立され、原料の配給統制へとひた走る。価格統制や指定団体への加入など、どんどん細部にわたり政府の統制が強まった。

日を追うごとにあちこちで日常の物不足が目だってきた。軍部へ優先的に回されるために民間へ行き渡るのが減り、逼迫《ひっぱく》は生活必需品にまで及んだ。米や塩、砂糖、醤油、味噌、マッチなどことごとくが配給制になり、切符がなければ手に入らない。しかし経済界、国民、マスコミは戦争への漠然とした期待に胸をときめかせ、そんな不便を耐え忍んだ。ただ不便といっても、後に日本が太平洋戦争に参戦してからの時期と比べて、昭和十五、六年まではまだ割りあい緩やかといえた。

こうした時期、正吉は悩んでいた。大連と朝鮮の支店をどうするかということだ。経済界や国民は満州開拓に、不況打開と経済発展の大いなる夢を乗せ、大陸へ大陸へと気持ちをはやらせている。マスコミも連日夢を語り、移住する国民が絶えない。それが正しいのかどうか、自分には分らないが、世相に勢いがある。もし会社の発展を願うなら、その雄飛の波に乗って、もっと支店を拡張するのも一法だろう。石井社長に相談すれば、きっとそう勧めるに違いない。

だが呻吟《しんぎん》したのち、正吉は逆に撤退を決めたのである。会社発展がどうこうという前に、現地にいる社員たちの身の安全を考えたのだった。戦争が激化したら、誰が巻き込まれないと保証できるだろうか。自分は会社の責任者として、利益よりも先ず社員の生命の安全を優先すべきではないか。そう考えて決断し、昭和十四年に両支店を閉鎖して、社員を内地へ引き上げさせた。太平洋戦争参入の二年以上も前の決断だった。

支店をたたんだ見事な采配ぶりに、戦争が終わった後に多くの人が、正吉がとった行動の正しさと勘のよさをほめた。だが正吉にそんな思いはない。ただ当たり前のことをしただけだという気負いのない気持ちでいる。

――銃後の守りは配達から。

この頃、正吉が掲げた標語である。東京市内や地方の共生会会員への配達の合理化をめざし、機動化に取り組んだ。これまでの自転車だけでは不備である。オートバイを使用する機械化部隊、自転車を使用するサイクル部隊、そしてリヤカー部隊を編成し、迅速な配達システムを実現している。会社は大きく成長し、昭和十五（一九四〇）年三月末の社員は百七十名に増え、作業員も含めれば総数三百五十名となった。

そんな一企業の躍進をよそに、戦争に向かう歴史の足音は刻一刻と近づき、日本参戦の秒読みが迫っていた。昭和十六年（一九四一）十二月八日未明、日本連合艦隊は真珠湾を奇襲攻撃し、太平洋戦争へと突入したのだ。米英に宣戦布告をしたのである。火蓋が切って落とされた。それまでの五年にわたる日華事変で物資は次第に不足して、政府による統制はいろいろな分野に及んでいたが、これを機に一段と非常時意識が国内にみなぎった。

大正製薬所からも続々と応召《おうしょう》者が出てきた。召集令状の赤紙を手に、愛国の光で瞳を輝かせながら正吉に別れの挨拶をする若い外商員。「バンザイ」の声に送られて、残した家族の心配を気づかれぬよう、ぎこちない笑顔をこしらえて去る工作部の技術者。正吉はそのたびに心の中で、「生きて帰ってこいよ」と祈るような気持ちで送り出した。

風雲急だ。産業界では整理統合の機運が急速に動き出してきた。薬業界でも厚生省が売薬営業の集約に乗り出すことは知られていたが、いざ実行されるとなると、

「我が社は大丈夫だろうか。潰されないだろうか」

と不安が不安を呼び、少しでも有利な立場に立とうと、政府にツテを求めて暗躍する会社が続出した。大正製薬所社内にも動揺が広がる。

しかし正吉は動じなかった。どんな統合が行われようと、現実の大正製薬所の実績を無視することは出来まいとの確信がある。この数年来、生産の合理化は同業者のどこよりも追求してきたし、得意先の獲得数では断然群を抜いている。あの借金危機があったからこその今日だと、そんな懐かしむ余裕さえもっていた。

正吉の読み通り動揺は杞憂《きゆう》に終わり、大正製薬所はそのまま事業を継続した。だが困難は次から次へとやってくる。

(これは厄介だな)

さすがの正吉もため息が出る。これというのは、物資の入手がなかなか思うようにいかないことだ。薬業界も海外からの原材料輸入が絶たれ、在庫払底《ふってい》でどの会社も入手に血眼《ちまなこ》になっ

ている。材料なしでは作ろうにも作れない。これまでは製品を売る競争だったのが様変わりした。今度は原材料を買い集める競争へと変わり、社員全員が原材料探しに走りはじめた。

こういう事態を予測し、正吉は出来るだけ多くの在庫を保有していたので、他社よりも比較的有利ではあった。しかしそれも時間の問題で、製品の種類が多かったため、手持ち在庫がなくなるものも次々と出てきて、やむなく生産中止に追い込まれる商品が増えてきた。

「今までの商売は『売る』競争だった。だがこれからは『買う』競争だ」

今やこれが正吉の口癖になった。朝出社するなり、外商員の尻をたたいて材料探しに走らせる日常に変わった。自身も政治家や役人などのあらゆるツテを頼って奔走した。

この頃になると、薬店の棚から多くの商品が消えてしまい、ひそかに闇値で取引されるようになった。高い闇値で買える薬店は生き残り、そうでないところは開店休業状態となって、公正な自由営業は姿を消した。製薬業者もその方が利益が上がるということで、闇値に走ったが、大正製薬所だけは断固、従わなかった。

「こういう時こそ公平にせねばならない」

正吉はそう外商員に説いて聞かせ、傘下の共生会会員たちに公平に商品を配給したのだった。これがかえって彼らの信用と結束を得ることとなり、幾多の困難にもかかわらず、ますます販売網は強固となっていく。困難な時こそ正吉は「誠実」を通さねばならないと思っている。

正吉の方針を知った原材料納入者の中にも気骨のあるのがいて、平素の恩に報いたいということで、手に入るだけの物を統制価格できちんと納入しようという業者も現れた。そんなことで大正製薬所は戦時下にもかかわらず、逆に大幅に得意先を増やす結果となり、昭和十七年（一九四二）九月末で、株主総数は四千四百十六名に達したのだった。このうちのほとんどが共生会会員である。

戦争が進むにつれ、商品はますます足りなくなっていった。正吉は再び次の檄を飛ばす。

「商品を探せ！」

原料だけでなく、既成の商品を探し出せというのだ。商品を持たない商人は弾薬を持たない軍隊と同じで、全滅するばかりだ。どんな薄利でもいい。薬局の店頭で売れる商品なら何でもよい。インチキや不良品でない限り、条件をつけないから、見つけ出せ。そうハッパをかけて、得意先の棚をうめるのに全力をあげた。

7　社長就任

昭和十七年（一九四二）六月、日本海軍はよもやのミッドウェー海戦で敗れた。翌十八年二月になると、大本営は日本軍のガダルカナル撤退を発表し、いよいよ敗色濃厚となっていく。

そんな撤退発表の翌月、石井社長が東京商工会議所の「北支及び満鮮視察団」に参加して大陸へ出かけた。当時、石井は鉱山事業にほぼ専念し、多くの会社の社長を務めるだけでなく、東京商工会議所議員、東京市議会議員、日本薬剤師会副会長、東京薬業同業組合長などの要職も務めていた。中央政界進出も夢ではなく、そろそろ射程距離に入ってきそうな快い誘惑を覚えている。以前、唐突に郷里の香川県から衆議院選挙に立候補して破れているが、今では、あれはいい薬だったと思う心の余裕ができた。

一方、戦況は、ガダルカナル撤退当時は戦争の正しい状況が国民に伝えられておらず、経済界はまだまだ大陸雄飛に大きな期待を抱いていた。すでに朝鮮で鉱山事業に手を染めていた石井にとって、大陸は手の届きそうな宝の山に見えた。政界へ打って出るためにも、もっともっと経済で成功をおさめる必要があると考えた。それに大陸には長男の輝司が薬剤官として軍務についており、彼に会えるのも楽しみだった。

ところが四月二十五日に帰国して間もなく、石井は腸チフスを発症した。しばらく自宅で療養したが、悪化する一方で、とうとう五月六日に牛込台町の久能病院へ入院した。しかし病状が急変し、三日後にあっけなく他界した。享年五十五歳であった。葬儀では日本商工会議所会頭の藤山愛一郎（後の外務大臣）が葬儀委員長になり、告別式の参列者は三千名を越えたという。

問題は誰が大正製薬所の次の社長になるかだが、ちょうど石井には長男輝司がいた。輝司は明治薬学専門学校卒業後、チューリッヒ大学化学科に入学し、学位をとって帰国。東京帝国大学薬化学教室で研究生活を送っていたが、昭和十五年（一九四〇）、陸軍に召集されて東部第六二部隊に入営、華北に転戦したのち同十六年十二月支那派遣軍総司令部付となって南京に赴任した。残念なことに父の葬儀には参列できなかった。

東京では急遽、六月一日に株主総会が開かれた。応召中の輝司を取締役社長に選び、そして常務取締役の正吉を専務に昇格させ、両名を代表取締役とすることに決定した。輝司は軍籍にあるので名目上の社長に過ぎず、実際の会社運営はすべて正吉の手にゆだねられた。

正吉は石井の突然の死が現実のものとは思えず、今にも「おい、上原君」と話しかけられそうな気がしてしかたがない。人の命が消えたのは事実だが、以前、義兄の澄男が亡くなった時と同様、その事実が自分の理性と感情を押さえられないで、どうにも落ち着かないのである。

しかし目前で進んでいく葬儀や株主総会の進行を見ていくうち、現実世界での会社運営の厳しさにいやが上にも直面させられ、即刻の行動を求められた。感傷は感傷で心の中の別の位置に置いたまま、ようやく専務として会社運営に全力を上げなければと決心した。

だがここで妙な動きが出てきた。世間の人や、社内の役員、石井の姻戚の株主たちが、

「今後の大正製薬所の経営をいかにするか」

と急に騒ぎ出したのだ。正吉は複雑な心境になった。自分は常務としての五年あまり、石井社長から経営のすべてをまかされてきた。そしてそれに応えてきたつもりだ。しかし対外的には常に陰の人の役割だったから、世間が会社の将来を不安視しても無理はなかろう。

問題は社内重役や多少の社内事情を知っている人たちである。誰がこれまで統率してきたのかを知っていながら、今、急に「お家の一大事だ」と、今後の会社経営についていろいろ騒ぎたて、

「これからは私たちが会社の面倒をみよう」

とまで言い出したのである。

「とても心配だ。こういう時のために我々、役員がいる。毎日、交代で出社して、今後の経営にたずさわろうじゃないか」

正吉は彼らの身勝手さに開いた口がふさがらなかった。それほど会社を案じてくれたのなら、数年前に会社が倒産寸前になったとき、どうして資金援助をしてくれなかったのか。みんな逃げて知らぬ顔をしていたではないか。それを今になって急に親切面《づら》をする。美味しそうに見える果実を雇われ重役に取られるのが、悔しいのに違いない。

(それならそれで、やってみたらいいではないか)

そんな突き放した気持ちが正吉の胸に浮かんだのは一度や二度ではない。だがそのたびに亡くなった石井社長の悲しそうな顔が浮かび、あわててかき消すのだった。

彼らにまかせるのはた易いが、そんなことをしたらたちまち会社が潰れてしまう。仏になった石井社長を裏切るだけでなく、いずれ除隊して、後継者として帰ってくる輝司社長にも申し訳ないことである。彼が実質的な社長に復帰するまでは何が何でも大正製薬所を守らねばならぬ。正吉はそう決心し、もう誰が何と言おうとそれを貫くため、自分が会社を率いる意思を内外に明言しようと考えた。急ぎ臨時取締役会を開き、いっさい臆することなく、正直に自分の意見を述べた。

「石井社長が亡くなられてからの今後の会社運営について、多数の方がいろいろなご意見を出して下さるのは有難いのですが、ご意見がまちまちで食い違う場合がしばしば起こると思います。そうした場合、経営の責任にある私としては取捨《しゅしゃ》に苦しまねばなりません。せっかくお手伝い下さるご好意が、不用意な干渉となるおそれもあると考えられますから、この際は各位の経営に対するご意見は辞退いたしたいと思います。大正製薬所は不敏ながら私上原が、私の判断で指揮しますから、お任せ願います」

決意を凝縮した正吉の鋭い眼光と、かみ締めるような自信のある語調に、皆は圧倒された。欲に駆られたかりそめの言動はこの日を限りにきれいに消え、逆に正吉の言葉が「上原の独裁宣言」と言われて、社内外の話の種になった。社員たちと、それ以上に薬店や薬局の得意先が安堵したという。

しかしそんな一企業のコップの中の嵐をあざ笑うかのように、戦局は日に日に悪化し、日本の敗色が濃くなっていく。昭和十九年（一九四四）二月、アメリカ軍はマーシャル群島に上陸し、矢継ぎ早に六月にはサイパン島、十月にはレイテ島にも上陸した。その年の四月には早くも東京に爆撃機が飛来して空襲がはじまり、暮れ頃になると、Ｂ２９の大編隊が空をうずめるようになった。

経済、社会とも、すべての統治機構が麻痺《まひ》し、混乱してきた。薬業界も統制販売となる。大正製薬所を支えてきた強力な販売網「共生会」が、時局にふさわしくないと認定され、完全に機能が停止した。

（薬をつくりたい）

止まった機械と設備を前に、正吉はうめいた。動かそうにも肝心の石炭が手に入らず、電力も割り当て分だけでは何の役にも立たない。燃料だけではない。原材料はもちろん、あらゆる産業資材が軍需産業に振り向けられているのだ。

そんな正吉に朗報が届いたのは、昭和十九年三月十五日の午後だった。大正製薬所が陸軍糧秣廠《りょうまつしょう》の監督工場に指定されたという。居合わせた社員たちは思わずバンザイを叫んだ。

軍用の馬や犬のエサを作ることになり、会社に活気が戻った。薬とはおよそかけ離れてはいるけれど、乏しいながらも石炭や電力が割り当てられたのは何よりも有難い。このエサで、どうにか工場が一息つけるようになった。

続いて陸軍兵器行政本部監督工場、佐世保海軍病院協力工場となり、待望の公用医薬品の製造が開始された。市販用ではないが、薬は薬だ。本業である。今度は目が回るほどの忙しさに早変わりした。

始業は七時半だが、上原はもう六時台には姿を見せ、活発に動いている。公休は祭日のほかに月二回だけとなり、日曜公休は廃止された。社員たちは正吉に負けじと頑張るのだが、遅くまでの残業もあって、毎朝、電車を降りると、遅刻しないようフウフウ息を弾ませながら駆けつける。

警戒警報や空襲警報のサイレンが鳴っても、正吉らは防空壕に逃げるどころか、火事に備えて事務所横の空き地に掘った二十坪ほどの貯水池の前に、バケツとホースを持って陣取った。防空頭巾をかぶり、足にはゲートル（ズボンの裾に巻いた脚絆《きゃはん》）を巻いて、空を見上げながら、

「来るなら来てみろ、敵機め」

「我らの大正製薬所は断じて燃やさせぬぞ」

などと口々に叫んでいる。遠くの街で火の手が上がり、いつこちらへ爆弾が落とされるとも限らない。空との睨《にら》めっこだ。そして騒がしかったサイレンが止むと、急いで職場に戻り、機械を動かした。正吉自身は死ぬ覚悟で会社を守る気持ちでいるが、そんなことを意識させないほど肉体の酷使が続く。正吉だけではない。社員全員がその気になっている。

生産、空襲、睡眠と、あわただしく時間に追われるなか、正吉は非常時体制に備えねばと、空襲の合間をぬって臨時株主総会を開いた。株の無配を決定するとともに、社外重役には任期満了を期に退任してもらうこととした。代わって取締役と監査役は全員、社内からあてた。

その一方で政府主導の企業整備は着々と進んだ。その一つとして、昭和二十年（一九四五）三月、大正製薬所の売薬業部門は都内（昭和十八年に市から都へ変更）の売薬業者七十社を

合併し、「日本薬品産業株式会社」が創立された。また新薬部門は資本金十九万円の明治製薬株式会社を合併したので、大正製薬所は資本金百十九万円の会社となった。

三月十日の夜、東京の下町に悲劇が起こる。三百二十五機から成るB29爆撃機の大編隊が、超低空から焼夷弾《しょういだん》の雨を降らせ、辺り一面を焦土と化したのだ。

続いて五月二十五日、山手方面も大規模な空襲で灰燼に帰し、壊滅した。地獄絵図のような猛火が東京を襲うなか、正吉ら社員全員が顔を引きつらせ、目を剥《む》いて、およそ人間とは思えないような形相で貯水池に陣取った。そして社屋と工場と倉庫を守り続けたのだった。

このころ社員の応召も七十四人にのぼり、戦死者もかなり出ている。果たして何人が生きて帰ってこられるのだろうか。正吉は部下たちの安否を気遣いながら、せめて戦地にいない自分が出来るのは会社を守ることだ、彼らを迎える場所を確保しておくことだと、悲壮な決意を固めていた。

敵機は編隊を組んで幾度か上空を飛んだ。ブーンという何層もの不気味な轟音が空を圧し、耳をつんざく。今にも爆弾を投下しそうになったが、正吉のそんな思いが通じたのかどうか、目白、高田方面に焼夷弾の雨が降らないうちに、ようやく長い戦争が終わった。

八月十五日正午、終戦のラジオ放送を広場で聞きながら、皆は泣いた。日本は負けたのだ。正吉も放心したように深い疲れと悲しみに身をまかせていたが、そんな絶望の中にあって、早くも未来へのかすかな希望を見い出そうと、光を求める力が心の奥に芽生えてくるのを感じていた。

そんなとき、大阪から支店無事の電報が届いた。東京や大阪の大半が焼け野原になったのに、何という幸運なのか。本社社屋も高田南町の工場も、関口町の社屋も、それに大阪支店も、全部、奇跡的に焼失を免れたのだ。正吉の目をうっすらと涙がおおい、今しがた起こったかすかな希望の芽生えに喜びを感じた。この時期に不謹慎だとは思いながらも、誰に対してなのか分らないが、感謝の念が胸をうずめた。

(恩返しだ。恩返しをしなければならない)

一日も早く工場を再開させ、薬を国民の手に届けるのだ。足に巻いたゲートルをもどかしそうにはずし、脱いだ防空頭巾といっしょに倉庫の棚に載せた。古い記憶に別れを告げ、代わりに、未来に向かう新しい気持ちが息苦しいほどの勢いで胸を圧してきた。

焼け跡のなまなましい東京の街に、アメリカ兵のピカピカのジープや軍用トラックが、まるで勝者の力を誇示するかのようにエンジン音をとどろかせて走り回るようになった。トタン屋根のバラックで出来た盛り場の不衛生な闇市には、飢えた人々がわずかな食べ物を求めて群がり、一時の食欲を満たした。足や腕を失くした白衣の傷痍《しょうい》軍人が路面に敷いたゴザに座り、アコーディオンを弾き弾き、空き缶や飯盒《はんごう》を置いて施しを乞うている。混乱と貧困に象徴される戦後の東京が妙に躍動感をかもし出し、国民の生きることへの力強い執着が場違いな活気を生み出していた。

もう物資の何もかもが不足していた。食料だけではない。資材不足は産業界全般に及び、日本国中のほとんどの工場は復旧の目途が立たないでいる。

そんななか、大正製薬所はいち早く操業を開始した。工場の設備がまったく無傷のままであったのと、それに何よりも有難いのは原材料と燃料がかなり残っていたことだ。陸軍や海軍の協力工場として製造を続けていた関係で、物資は相当の量が貯蔵されていた。

（ぐずぐずしてはおられない）

正吉は自ら作業着に着替え、製造の先頭に立った。国中に栄養失調や不衛生からくる病気が蔓延《まんえん》し、国民は信頼できる医薬品を首を長くして待ち望んでいる。そんな悲痛な期待を背に受けながら、社会に役立つ製薬業に従事している自分に確かな使命感を覚えつつ、戦時中にも負けない馬力で仕事に励んだ。

だが油断は出来ない。同業者の中で原材料在庫を持っていたのは大正製薬所だけではない。被害を受けた設備を修復し次第、規模の力でたちまち我が社を追い抜くに違いない。今は需要が供給をはるかに上回っているが、そのうち再び激しい競争がやってくるだろう。その時こそが正念場である。そしてその準備は今から始めなければならないと、正吉は思った。

（やはり社員のヤル気だ）

　これが社業発展のカギを握っている。今はまだ破滅状態の日本だが、今後は徐々に物資が行き渡り、機械設備も近代化していくだろう。そうなると皆、横並びとなり、他社との差別化はなくなる。あえてあるとすれば、それは社員の仕事に対する熱意と根性だ。ヤル気なのだ。ヒトなのである。

　そのためにはどうすればいいか。答えは自明である。ヤル気を阻害する最大の障害、つまり年功序列制度の破壊以外にない。実力主義の徹底こそが、社業を発展させ、同業者戦の勝利をもたらすのだと正吉は考えた。そのことを昭和二十一年（一九四六）二月二十三日付けの社内報「鼓笛」の創刊号に次のように載せている。

「……個人経営の商店などに昔から見られた、入社順による席次、即ち古さの順に偉さが決まる、という風習は、徹底的に破壊、払拭《ふっしょく》されなければならない、ということである。のみならず、地位や給与を決定し、変更するに際しては、年齢も、履歴も一切顧慮することなく、もっぱらその人物の実力に従わなければならぬということである。……」

　何と斬新な発想ではないか。あまりにも時代を先走りし過ぎている。この年功序列制度は戦後の混乱期から、昭和三十年頃に始まる二十年間の高度経済成長期に花開き、さらに成果主義が注目され出したほんの十数年前まで、経営の根幹を担ってきた人事制度なのである。年功主義と終身雇用の二つが経営の両輪となって、高度成長を引っ張る役割を果たしたのだった。ところが経済のグローバル化で成果主義が叫ばれて、ようやく影をひそめた。

正吉ははるか将来の高度成長期を控えた正にその初期の時点で、その立役者となる年功序列主義を否定し、評価は個人の能力と実績に基づく、いわゆる実力によるべきだと主張した。終身雇用を守って社員を安心させる一方、とりわけ営業の戦いの場では、個々人の向上心をはばむ年功制ではなく、実績に直結する能力と頑張りに重きを置いたのだ。そして以後、かたくなにこの方針を貫き、大正製薬所を営業戦の勝者へと導いたのだった。常に真っ向から時の常識を疑い、それを破壊することで、差別化された戦略を生み出す。そして他者と異なる道を歩む。これこそが正吉の真骨頂なのである。

でその戦力となる社員だが、戦地へ応召されていた者たちが続々と戻ってきて、職場復帰をしつつあった。応召されたのは全員で七十四名で、そのうち戦死者六名、戦災死者一名、未復員者は二十二名であった。

復員者が戻るたび正吉は両手で固く手を握り、出征した時の面影と重ね合わせながら、今いる無事を心から喜んだ。だが一方で額《ひたい》に刻まれた無意識の苦悩を見て、生死の境をくぐり抜けた者がもつ厳しさに直面し、わけも分らずたじろいだ。彼らに国を守る意識がどこまであったのかは分らないが、少なくとも命を賭けたその勇気の前では自分が如何に小さな存在なのか、思い知らされた。せめて大正製薬所を立派な会社にすることで、彼らの仲間に入れてもらいたいと、心の中で自分に誓うのだった。

終戦の年の暮れ、大陸にいた名目上の社長石井輝司が復員してきた。とりあえずはスイス留学中に学位を取っていた関係から、日本ロシュ（スイスの世界的製薬会社の日本法人）の技師長として迎えられ、そこに席を置いた。

一方、大正製薬所は終戦後も正吉が経営の采配をすべて振るっていたのだが、石井家の株主たちのあいだに創業者長男の輝司を正式社長にしようという動きが本格化してきた。そこで翌年の昭和二十一年（一九四六）六月、輝司に交代させるべく株主総会が開かれることになった。

当時の株式所有だが、功労者だった正吉は一割にも満たず、輝司を含めた石井一族も同様で全部合わせても一割に達しない。全株式の八割ほどは「共生会」会員の薬店や薬局が握っていた。このことが事態を複雑にした。複雑というのは、果たして輝司で会社がやっていけるのかという疑問である。薬店の店主にしてみれば、せっかく復活しつつある共生会が崩壊し、自分たちの商売が立ち行かなくなるのではないかと心配した。

正吉は板ばさみに遭って、悩んだ。共生会を代表する主たる店主たちから、社長になってくれないかと非公式に頼まれた。しかし事情は分るものの、ここまで話が展開している以上、姻戚でもない自分が創業者子息の社長復帰を拒むのは筋が通らないと思った。

「ここはやはり輝司さんが正式な社長として指揮されるべきだと思います」

そう言って辞退するのだが、なかなか受け入れてもらえない。正吉自身は潔く大政奉還し、自分は関連会社である日本薬品産業の社長としてやっていくつもりでいる。売薬業者七十余社を統合した小規模な会社だ。しかし、薬店側は社長には正吉になってほしいと考え、石井一族は輝司になってほしいと執拗《しつよう》に考えた。

ところがここで思いがけない濡れ衣《ぎぬ》が正吉を待っていた。

「会社の金を不正に流用した」

そんな情報を労働組合から意図的に流され、追い落としを画策《かくさく》されたのだ。

当時の企業では、軍部の抑圧から解放された反動と、ダグラス・マッカーサー元帥が率いるGHQ（連合国軍総司令部）の占領政策もあって、ぞくぞくと労働組合が結成された。「戦犯追放」の大義のもとに、気に入らない会社の幹部を追放したり、或いは経営混乱を狙って、「隠匿《いんとく》物資」の摘発と称し、会社が所有している原材料や燃料などの物資を当局に摘発させるなどの行為が横行した。これらに加担した労働組合は多く、大正製薬所もその一つだった。

輝司を社長に担ごうとする石井派の人たちは、結成されたばかりの大正労組に近づき、労組もそれっとばかりに飛びついた。

「上原は不届きなヤッだ。会社の金をごまかしている」

そんなデマを社内外に流し、ビラまでまいて攻勢に出た。身に覚えのない正吉は相手のあまりの卑劣《ひれつ》さに、怒るよりも悲しくなった。きっぱりと否定したのは当然だ。

「冗談もいい加減にしてほしい。よくもそんなでたらめが言えたもんだ。私は会社の金など、一銭たりとも手をつけたことはない。亡き石井社長の借金を全部、払ってあげたことはある。そのことを言うのなら分るが、私個人はビタ一文、使ったことなんかないぞ」

だが石井派と労組は強気だ。時代も味方していると考えた。勢いに乗り、神田にある弁護士事務所へ話を持ち込んで、訴えようとした。ところが弁護士がよく調べてみると、事実無根どころか、彼らがいう金は全額、石井前社長の借金弁済のために使われていたことが判明した。むしろ善行である。弁護士は彼らを呼び、さとすような口調で、

「こんなの、裁判になっても、とても勝ち目はありませんな。下手をしたら貴方たちが名誉毀損で訴えられますよ」

と言って断った。結局、あれやこれやで、共生会の人たちはなりふり構わぬ石井派の暴走

にあきれ、いっそう反輝司の意思を強くした。

「いっそのこと、逆にあの人たちを訴えてみたらどうか」

という声もあちこちで出た。しかし正吉は亡くなった石井社長の顔を思い浮かべながら、
こんな事態を招いた自分の不甲斐なさを心の中で詫びた。小枝とも相談し、

「もし訴えて泥仕合になれば、それこそ会社の恥になる」

と言って、冷静な判断を下し、不問にした。

そんな騒ぎをよそに、注目の株主総会がいよいよ迫ってきた。正吉の腹は決まっている。店主たちの声は痛いほど分るし、大正製薬所を発展させたい気持ちは共有しているので、聞けば聞くほど心は動く。だが石井一族の感情にまかせた嫌がらせには、もう忍耐の限界が過ぎた。ここはけじめをつけて、晴れ晴れとはいかないまでも、一応は落ち着いた心境を取り戻していた。

そんな或る日の早朝のことである。突如、警視庁麻薬課員と進駐軍のMP（憲兵）が、ジープで日本薬品産業の工場へ乗りつけた。いきなり「麻薬隠匿《いんとく》の容疑で家宅捜索をする」と告げ、ずかずかと工場内に入った。家捜《やさが》しをしたあと、倉庫に貯蔵してあった「カフェイン」を袋ごと押収していった。

その頃、中野にある正吉の自宅にも別の麻薬課員とMPが到着し、出勤準備中の正吉を急

襲したのだった。いったい何が起こったのかわけも分らず、正吉は動転した。「麻薬隠匿」の家宅捜索令状を見せられても、さっぱり理解できない。片っ端から机の引き出しをあけたり、押入れをひっくり返したり、もうやりたい放題だ。足がすくみ、ただ見守っているしかない。日本薬品産業も捜査されたことを知らされ、いよいよ何か大きな誤解があるのを確信した。

（このままでは大変なことになる）

目の前にいる息子の昭二を手招きした。

「カフェインは麻薬じゃない。何かの間違いだ。すぐ東大和のMP司令部へ行って、担当官をここへ連れてきてくれないか」

昭二は最後まで聞き終わらないうちに自転車に飛び乗った。肩で息をしながら、二十数キロある進駐軍の屯所まで突っ走った。幸い英語が話せたのと、少年のせっぱつまった話しぶりに同情したのか、アメリカ人の担当官はすぐに事情を飲み込んでくれた。「ＯＫ」と言って、ジープの助手席に昭二を乗せ、自宅へ急いだ。

だが現場を一目見て、昭二に向かって控えめに顔をしかめた。

「弱ったな。これはもう手の打ちようがない」

捜索者のＭＰの中に中尉の姿を認めたのだ。中尉までが動いたとなれば、どんな事情であれ、今さら振り出しに戻すのは不可能に等しい。結局、正吉はその場から日本橋にある久松署に連行された。

そもそもカフェインは公に認められた薬品であり、麻薬などではない。ところが誰かがそれを「麻薬を隠している」と、進駐軍の公衆衛生局に虚偽の密告をしたというのが真相だった。

留置場で密告のことを知った正吉は、妨害工作をした人物のおよその見当はついたが、責める気も起こらなかった。あれほど愛していた大正製薬所なのに、心はどんどん離れていく。これほどまでに自分を排除しようとする相手の執念に、怒りも悔しさも湧かない。変なことに、

（これで心おきなく日本薬品産業へ行ける）

と、何だかほっとしたようなケジメのついた気持ちにさえなった。

ここで正吉の中に一つの大きな誤解があった。誤解というより、思慮が足りなかったというべきか。それは輝司が社長になるのを望んでいると、漠然とながら思っていたことだ。後で分ったのだが、輝司本人は自分は切った張ったのビジネスの修羅場の指揮官には向かない、むしろ大学などの学究畑が似合うと考えていた。ところが周囲の姻戚筋がいろんなことを画策し、自分を担ぎ上げようとしているらしいのを感じ取り、どうしたものかと落ち着かない

日々を過ごしていたというのだ。そんなところへ隠匿事件が起こったのだった。

さて、家宅捜索があった日。正吉が留置場へ入れられ、あとに残された小枝はあわてた。株主総会はすぐそこに迫っている。もし釈放が間に合わなければ、どうなるのだろう。社長になるとかならないよりも、無実の罪をかぶせられたまま総会が強行されて、議決が一人歩きするのがたまらなく悔しい。出席者や株主たちに正吉の罪が承認されたかのような印象を与えかねない。

(夫の名誉のためにも頑張らなければ……)

一刻の猶予もできない。事実無根を明らかにして、夫を連れ戻さなければならない。カフェインはいつも使っている普通の原料なのだ。調べてもらえば分るはずだと、小枝は大急ぎで警視庁を訪れた。

幸い押収現場に立ち会った薬務課の捜査官がいて、応対してくれた。小枝が必死の形相で調査を依頼しはじめると、相手は最後まで聞かず、途中で軽く手のひらで小枝をさえぎった。少し眉根を寄せ、困惑した表情で切り出した。

「いや、実はこれ、調べてみたら、貴方が言うように麻薬じゃなかった。カフェインでしたよ」

「ああ……。これで、助かりました」

小枝はうめくような安堵の声を絞り出した。だがそれも捜査官の次の言葉で暗転した。

「でもね。申し訳ないんですが、もうこの事案は私たちの手から離れてしまっています。どうしようもないんですよ」

「は？　間違いが分ったんでしょう。どうしてすぐに夫を帰してもらえないのですか」

「ご存知のように進駐軍のMPまでが動いています。悪質な密告だとは分っていても、私のような一介の捜査官ではどうにも出来ないのです」

進駐軍と聞いて、小枝はため息をついた。今の日本では、米軍の声は神の声に等しいくらいの絶対的な権力を握っている。大きな難関だ。目の前に真っ暗な幕が下りてくる。

そんな小枝に捜査官のやや弾んだ声が聞こえた。それが今度は一縷《いちる》の望みを与えてくれたのである。

「そうだ。警視庁は内務省の管轄だから、そこからGHQに頼んで、調べてもらったらどうだろう」

小枝の目が輝いた。

「なるほど。じゃあ、今すぐにでも貴方からそうしていただけませんか。どうか、どうかお願いします」

だが捜査官は自分の立場ではとてもそんな力はないと、消極的である。いくら懇願しても

焦る。それ以上の行動は期待できそうにない。こんなことをしていては時間が過ぎるだけだ。気が

（他を探さねば……）

と小枝は気持ちを切り換えた。それでも溺《おぼ》れる者は藁《わら》をもつかむの心境だ。今の助言は有り難く、収穫は大きい。丁寧に礼を述べてその場を辞した。

一旦、外へ出た。いつの間にか小雨が降り出し、蒸し暑いぬめっとした空気が頬と着物の襟首をべとつかせた。見えない壁が前方に立ちふさがって、一方、後ろからは時間に追われ、出てくるのはため息ばかりだ。

目の前の大通りを多くの車と自転車がぶつかりそうになりながら走っている。その間へ進駐軍の家族が乗る大型バスが強引に割って入ってきた。その拍子にふと警視庁は内務省の管轄だ、と言っていた捜査官の言葉を思い出した。

（内務省……か）

そうつぶやいたとき、小枝の頭の中に何かがひらめいた。澄男だ。兄の澄男である。内務省の復興局に勤めていた。

（そうだ。内務省へ頼んでみよう）

ぱっと目の前に明かりが射した。着物の裾を手で押さえながら、内務省の方へ小走りに急

いだ。

　受付で以前勤めていたと兄の名前を告げ、事情を話して復興局へ案内してもらった。居合わせた何人かが澄男のことを覚えていてくれたのにはほっとした。同僚の評判はよかったようだ。そのうちの口髭を生やした役付きらしい人が真剣に話を聞いてくれ、

「分りました。GHQへはこちらから直接、訊いてみましょう。追ってご連絡しますから」

と言って、小枝の連絡先を聞き、部下を呼んで何やら相談しはじめた。

　早速、動いてくれそうな気配である。どうにか細い糸がつながったと、小枝は先の不安を抱えながらも、この人に託すことにしてそこを離れた。

　翌日、内務省から連絡が入り、GHQからは上原正吉逮捕の命令は出ていないことが判明した。

「おまけに押収物も麻薬じゃない。単にお茶の葉からとったカフェインですよ。ご主人は無実です」

　その言葉を聞いて、小枝は一気に老け込んだような疲れを覚えた。早く皆に知らせなければと思ったが、どうしたわけか体が動かない。まるで夢のようだ。バンザイを叫びたいほどうれしさが強すぎて、その興奮が逆に体を縛っていた。きっと亡くなった兄が差配してくれたのだと、心の中で感謝の手を合わせた。

あとで分ったことだが、密告者は何と、

「株主総会が終わるまで、一週間くらい警察に留めておいてほしい」

と頼んでいたという。正吉を総会から隔絶させようという魂胆なのだ。まさに拉致《らち》が企てられたのだった。石井派の幹部が知り合いの通訳を動かして、GHQ公衆衛生局の米人中佐に虚偽の密告をし、警視庁薬務課の出動となったのであった。当然のことだが、事件捏造《ねつぞう》が発覚後、片棒をかついだ中佐の仲間らは全員、アメリカに帰還させられたという。


小枝は興奮がおさまると、すぐに電話で主だった共生会役員たちに知らせた。それから自転車に飛び乗って、近くに住むそのうちの一人の店へ駆けつけた。店主は自転車から降りた小枝を抱きかかえんばかりにして、

「これで上原専務に社長になっていただける」

と小躍りして喜んだ。だが小枝は正吉の気持ちを知っている。社長になるつもりはないのだ。まだ荒い息を残しながら言った。

「でも、上原は……恐らくお断りすると思います」

店主はさもありなんとばかりに大きくうなずいた。

「律儀な上原さんだ。輝司さんのことを思って、身を引いておられるのでしょう。でもその輝司さんですが……」

輝司は社長になるのを望んでいない、今は一時的に日本ロシュに勤めているが、むしろ学問の方へ進みたがっているという。ついきのう人づてに聞いたというのだ。このところの一連の騒動を非常に憂慮し、とりわけ麻薬隠匿の一件には何か感じるところがあるらしく、憤慨と恥ずかしさであの端正な表情がゆがんでいたという。もし総会で社長が上原専務に決まったら、むしろその決議に喜んで従いたい、と周囲に漏らしているらしい。

小枝は初めて聞く言葉だが、ひょっとして事実かもしれないと思った。几帳面で真っ直ぐな技術畑の輝司の性格からして、そちらの方向を望むのは自然かもしれない。そんなふうに考えると、合点することがある。亡くなった石井社長もそれを望んでいたのではないかという気がふとしたのである。

石井が腸チフスのため家で療養し、その後、入院していたときのことだ。大陸でもらった悪質な伝染病だということで、皆、恐がってあまり自宅や病室を訪れなかった。だが小枝だけは忙しい正吉の代わりという意味もあるが、毎日、見舞いに行った。朝夕、二度の時もある。そのたびに枕元に座った自分に、「輝司を頼む」と言われたことを思い出す。

とりわけ石井が亡くなる直前に見舞ったとき、今にも途切れそうな弱い力で自分の手を握り、苦しそうな上ずった声でまたいつものように「輝司を頼む」と繰り返し懇願した。熱でおかされたゆがんだ表情の中で、こちらの方を一途に見つめる黒い瞳が、まるでそこだけ独立した元気な生気に満ちていて、輝司を思う最後の瞬間の気持ちの強さを印象づけた。

小枝は今、店主から輝司のことを聞いて、「頼む」の意味が何なのか、改めて考えた。社長として支えてほしいというのか、それとも輝司が望む方向で支えてほしいということなのか。あのとき石井は「社長として」という言葉を一度も使わなかった。それはひょっとして本人である輝司の意思を尊重してくれ、という意味だったのかもしれない。尊重して支えてくれという意味だったのかもしれない。創業者が息子に社長の座を譲ると遺言したところで不思議はないが、あえてそれに言及しなかったところに、石井の親としての優しさに触れた思いがした。

さて獄中の正吉であるが、留置から三日目に無事、釈放された。時の内務大臣植原悦二郎が沈痛な表情で、

「大変な間違いをしてしまった」

と遺憾の意を表し、直ちに秘書官に車を出させて久松署へ正吉を迎えにやった。すでにいきさつを聞いていた正吉は、警察にいっさいの苦情や非難を口にせず、ただ頭を下げて、その車に乗せてもらって自宅へ戻ったのだった。

昭和二十一年（一九四六）六月二十二日、予定通り株主総会が開かれた。特約株主の薬局や薬店の店主たちが全国から馳《は》せ参じ、ほとんど全員が正吉に投票した。その結果、ほぼ九

対一の圧倒的多数の支持を得て、正吉が社長に選任された。同時に資本金を二百万円に増資することも決議した。

あれほど強硬に反対した人たちも、一旦、決定されたあとは、悪巧みが露見して体裁が悪いのか、いっぺんにおとなしくなった。

「さあ、これで何もかもがうまくいく」

そう皆が思ったのだが、ここで今度は正吉がへそを曲げた。曲げたと言っても、正式なものではなく、感情的に整理がつかないのだ。

「社長にはなりたくない」

と言って、きかないのである。しかし、小枝はこの時点ですでに気持ちを切り換えていた。あれだけの株主が正吉の社長就任を望んでいるのだ。ここは期待に応えるのが務めではないのか、と正吉の説得に回った。加えて薬局の店主から聞いた輝司のことを話し、

「輝司さんのお気持ちもくんであげなければね。それに亡くなられた石井社長も、きっとそれを望んでおられると思います」

根は大正製薬所を誰よりも愛している正吉である。信頼する小枝の親身の説得にとうとう折れた。折れたというより、石井社長が病床で小枝に言った「輝司を頼む」という言葉の意味を改めて思い直し、今自分がやるべきことは亡き恩人への真心の実行ではないのか、と思っ

たところが大きい。

その後、石井家も含めた旧役員やかなりの薬局や薬店が、財産税の物納として株式を手放した。正吉はそれらを引き取り、持ち株と合わせて株式の過半数を所持するようになった。これを機に社長の座は安定し、思い切って腕をふるえる環境が整ったのだった。

その前後、正吉は小枝も交え、また時には故石井の未亡人ムメも入り、何度か輝司と会っている。今後のことを相談するためである。和《なご》やかな雰囲気のうちに話は進み、輝司の希望が快く受け入れられた。東大へ進学して学位取得を目指すこととなり、正吉が親代わりとなって、学費や生活費の面倒をみる。そして輝司に代わってムメが大正製薬所の取締役に就いたのだった。

「これで亡き石井社長にも、ささやかな恩返しができそうだ」

正吉夫妻にとって、これが何よりもうれしく、心が慰められた。いつかあの世で会ったとき、堂々と報告できる。そう思うと、別に特別の宗教を信じているわけではないが、これまでの一連の出来事を石井社長ははじめから知っていたのではないかと、何だか不思議な気持ちになった。

公金横領や麻薬隠匿など、不快な中傷があったからこそ、皆の納得を得る形で今日の安定した会社基盤が構築されたのだ。一つ一つは不快な出来事だが、今振り返ってみると、まるで計算された必要なステップではなかったのか。そんなふうに思えたほど夫妻の気持ちはすっきりと整理され、それがいっそう仕事に向かう意欲を駆り立てた。

終戦からほぼ一年。混沌《こんとん》とした先の見えない経済だが、不安だけでなく、アメリカ式の自由競争は経営者たちに未来への希望も与えた。国の関与がない、才覚次第で優勝劣敗が決まる新たな時代の幕開けである。

（さあ、やるぞ）

正吉は意気軒昂だ。新社長にとって営業が柱だという信念は今も変わっていない。真っ先に取り組んだのは強固な営業網の構築だった。特約株主制度による「共生会」は、戦争末期に機能が停止して、実質、眠ったままになっている。これを大急ぎで再編成せねばならない。全国各地の薬局や薬店からも、その希望が続々と届いていた。

だが問題はどういうふうに再編するかである。得意先の考え方や価値観、経営観などが、終戦を境にずいぶん変化した。例えば株式だ。今では彼らに株を持ってもらうということが、大して実効がなくなっている。少ししか株を持っていない株主は、配当をほとんど当てにしていないことが経験で分った。それに全国の株主が総会に出席することなど不可能である。

これらの隘路《あいろ》を克服し、他社を出し抜く戦略を考え出さねばならない。正吉は何日も考え続けた。アイディアが浮かぶたび、経営の相棒である小枝に意見を求め、練り直した。そして或る構想にたどり着いた。「協同組合方式」による共生会であった。

それは加盟金を二千円に設定して会員になってもらい、商品を独占提供する。会社は加盟店以外とは取引をしないし、会社の利益は加盟店の販売高に応じて払い戻しする。もし会員を脱退する時は、加盟金二千円は利息をつけて返金する、というものである。

方針が決まると、外商員を総動員して勧誘に走った。大正製薬所の過去の実績と信用もあり、またたく間に多くの加盟者が集まった。

そんな昭和二十一年（一九四六）九月、本社で共生会の総会が開かれ、正吉が満場一致で理事長に選ばれた。いよいよ全国制覇のはじまりである。会員も社員も皆が高揚した決意を共有し、戦後の新たな大正製薬所の旅立ちが確認された。

ところがその年の暮れ、思いがけない邪魔が入った。邪魔というのは政府による「商工協同組合法」の制定である。これによると、政府が監督助成を行う以上、限られた地区には一組の組合しか認められない。共生会のような全国組織は不可なのだ。正吉はまた構想の練り直しを迫られた。

そこで翌二十二年三月の役員会で、「協同組合共生会」を「共生会チェイン株式会社」に改組して出直すことにした。

前年の九月に二百四店の会員で発足した「協同組合共生会」だったが、半年後の「共生会チェイン株式会社」の頃には八百六十四店にまで増えていた。その後も勢いは加速度を増し、さらに半年後にはこのいわゆる「大正チェイン」加盟店は二千九十一店、各地の部会数も八十五部会を数えたのである。

走り出した車輪の勢いは止まらない。加盟店の利益をモットーに掲げる正吉の考えは、ますます支持の輪を広げた。結成五周年を迎えたとき、加盟店数四千五百、部会数三百三十にまで増えたのだった。率でいえば、加盟店で二十二倍の増加ぶりである。

社名も変えた。昭和二十三年（一九四八）五月、株主総会が開かれ、それまでの「株式会社大正製薬所」から「大正製薬株式会社」へ変更することを決定した。いよいよ上原正吉は全開である。

（合理化だ。先ず合理化からとりかかるぞ）

戦争で挫折していた合理化の遅れを取り戻そうと、正吉は精力的に動いた。その一つが帳簿組織の改善だった。毎月何千万円、何億円という商いをしている会社の帳簿というものは、非常に膨大《ぼうだい》で複雑だ。経営者は毎日、それを見て、日々の売上状況をつかみたいところだが、とても忙しくて出来ない。そこで半期とか一年の決算期に全体をつかもうとする。そういう仕組みに沿って帳簿組織が構築されていた。

それを根本的に作りなおし、毎日の業績が一目で分るように、帳簿の分類と記帳の仕方に独自の工夫をこらしたのだった。遠い昔、錦城商業学校で習った簿記の授業風景を懐かしく思い出しながら、もちろん今は経理課員の知恵を借りてであるが、複雑な帳簿をあれこれいじるのはむしろ楽しみでさえあった。

――事業家は、帳簿に引きずり回されるのではなく、帳簿を駆使せねばならない。

その信念が今回の改変をもたらした。

効果はすぐに出た。各帳簿の帳尻が、日々の業績表にあらわれる残高で、常時はっきりと分るようになった。営業マンの成績もすぐ表にあらわれ、個々人への指示や指導がやりやすくなる。それにもし経理上の不正があっても、たちまち発見することが可能となった。

これに関連して、伝票の型式についても抜本的な改善を行っている。伝票は帳簿記入の基礎となるもので、金銭の出入りや取引内容、原材料の入出庫、作業工程管理などを記入する紙片である。従来から日本の会社では伝票はすべて手書きであった。各人各様の筆跡で記入されるので、時には読みづらくて、間違って解釈されて混乱を引き起こしていた。

こうした事務問題を解決するため、正吉の掛け声のもとに社内に事務改善研究会が立ち上げられた。そこで真っ先にカナタイプの全面採用が持ち上がった。カナタイプというのはカタカナを使ったタイプライターのことである。

当時の幹部の中に先進的な考えの持ち主がいて、どうすればこの不便を解消できるか考えた。そこでカナタイプで記入したら間違いを防げるのではないかと、試験的に一台買って使っていた。一台五万円もする大きな投資であった。

正吉は、カナタイプで作られた伝票を手にとり、じっと見つめていたが、感心したように声高に言った。

「これは素晴らしい。確かに能率的だ。社内の伝票はみんなこれにしよう」

と即断即決し、十台買い足した。その半年後にはカナタイプは三十余台に増え、やがてすべての伝票がカナタイプで作られるようになった。

対外文書を候文から口語体に変えたのと同様、カナタイプを全社的に採用したのも大正製薬がはじめてであった。この会社はいつの時でも進取の気性が満ちている。その後、大正製薬で成功したのを見て、三菱電機や呉羽紡績、松下電器、武田薬品工業、日立製作所などの大手企業が続々とカナタイプ採用に踏み切った。

今やカナタイプはブームとなり、昭和三十一年（一九五六）から日本能率協会主催、東京、大阪両商工会議所の後援で、「全日本カナタイプ競技会」が毎年開催されることとなる。大正製薬は毎回、一位か二位の好成績をおさめた。

事務改善では他にモンロー計算機の導入も決めた。これは手でハンドルを回して加減乗除を計算するのだが、機械式のタイガー計算機に押しボタン機構を付けた感じの改良型で、タイガー計算機に比べて二倍くらい早く計算することが出来た。もっともこの頃でもソロバンは、一番普及していた計算ツールであった。

8　躍進また躍進

日本でラジォの民間放送がはじまったのは昭和二十六年（一九五一）である。九月に毎日放送と中部日本放送が開始され、これを知った正吉はとっさにピンときた。

（これだ！）

と思わず膝を打った。これを使って薬の広告宣伝をしようとひらめいた。このところ新聞広告は復活させているけれど、ラジオなら有無を言わさず一斉に全国の聴取者に声を届けることができ、極めて効率的だ。「体素」や「ネオネオギー」以来、広告宣伝には消極的だった正吉だが、このところ前向きになっている。それというのも、会社の体力がついてきたからである。

正吉は広告宣伝については変わった考え方をもっていた。苦しい経営の中から身銭を削って行うのは邪道だと思っている。余裕の金ですべきだと言うのだ。幸い前年度の決算では一億円くらいなら自由に使ってもいい利益が出た。

「どうせ、うちは金儲けを目的にしているんじゃない。この一億円をぜんぶ民放の広告にかけてしまおう」

金額を聞いて幹部は驚いた。

「えっ、一億円も？　もし効果が出なかったら、えらいことです」

「まあ、いいじゃないか。たとえ一億円の広告費で、結果として一円も儲からなくても、構わんよ。商売が衰えさえしなければ、それでいいんだ」

鶴の一声で社内にラジオ宣伝課の組織が出来た。課長も含めて、数名いる課員はラジオのことをよく知らない。早速、勉強をはじめ、どうにか考えをまとめた。夜の七時から十時までのゴールデンアワーを狙って宣伝を流そうというのである。

それを聞いた正吉は自信をもって即座に否定した。彼なりに研究し、考え抜いた策をもっていた。

「恐らくその時間帯はＮＨＫのひとり勝ちだと思うね。これまで放送はずっとＮＨＫだけだったからさ。国民は皆、夕方からはＮＨＫを聞くはずだ。習慣というものは恐いものだ。続く八時から十時までも、きっと同じだろう。長いあいだ聞き慣れ、親しんできた娯楽番組が並んでいるからね」

だが十時になると、ニュースや時事解説などの固い番組に変わる。そこを狙って攻めればいい。十時以降の時間帯に、民間放送が娯楽性の強いお楽しみ番組を流せば、国民は自然とそちらの方へダイヤルを回して聞くようになる。

「つまり民間放送のゴールデンアワーは、午後十時からだと私は思うね」

そしてその年の十二月にラジオ東京が有楽町の毎日会館から放送をはじめ、文化放送もれに続いた。

ラジオ宣伝課の動きは素早かった。朝日新聞の連載小説で人気のあった石坂洋次郎の「丘は花ざかり」に目をつけた。これを翌年昭和二十七年（一九五二）七月一日から九月末までの三ヵ月、毎週火曜日夜八時から三十分間、文化放送の電波に乗せた。声優には一流の顔ぶれをそろえた。轟夕起子や望月優子、杉葉子、三島雅夫などが出演し、たちまち人気番組になって、評判を博した。

今でこそテレビやラジオを通じた宣伝は普通のことであり、むしろインターネットやモバイルへと媒体が移りつつある。だが当時ではラジオ媒体の効果どころか、ラジオ自体が果たして民間の商業放送として成り立つかどうか非常に危ぶまれていた。ほとんどの企業がスポンサーになることに二の足を踏み、生まれたての民放はまさに孤立無援の状態だった。

そんなところへ真っ先に大正製薬が宣伝広告に名乗りをあげ、画期的な成功をおさめたのである。民放業界は不安な手探り状態の中にも一先ず安堵し、励まされた。発展の第一歩の確かな手ごたえを感じつつ、業界幹部たちは大正製薬の英断に感謝の言葉を口にした。

しかし正吉は英断だなどと微塵も思ってはいない。この新しい電波という媒体が必ずや大衆の関心をとらえ、いずれ広告宣伝の有力な手段になると踏んでいた。それに、

――商売での必勝は常識の意表をついた戦法にある。

と信じている。これは自分の長年の信念だ。誰もが見向きもしない今こそ、大正製薬が躍り出て、一気に独走すればいい。そう正吉は考えていた。

次の手はすぐに続いた。今度はラジオ東京を使い、水曜日夜九時十分から五十分間、「水曜ドラマ」の放送を開始したのだ。第一回は「手錠と手紙」で、これがまた当たって、「水ドラ」は開始早々から人気番組になった。宣伝する商品は栄養剤の「アテミス」とカゼ薬「ベナセチン」だった。売上はうなぎ上りに増えていく。

捨ててもよい一億円があるから、正吉は心強い。或る日、ラジオ宣伝課へ不意にやって来て、とんでもない指示を出した。

「毎朝十時から放送する短い時間が欲しい。これの一週間単位の契約をしてくれませんか」

毎日同じ時間を一週間続けて契約するというのだ。これは「帯」と呼ばれる契約方式で、後には珍しくなくなったが、当時は相当、大胆な勇気のいる発想だった。正吉ならではのアイディアである。

帯は買われ、再びラジオ東京から、昭和二十七年十月スタートで「名作アルバム」の放送

がはじまった。日曜日を除き、毎朝十時十分から十五分間の放送だ。なぜこの時間帯を狙ったのか。それは正吉が最も考え抜いた点である。家庭の主婦が夫や子供たちを送り出したあと、掃除洗濯もすませ、一段落してほっとする息抜きの時間なのだ。ここに目をつけた。

名作の第一回は森鴎外の「雁」を選んだ。教養の香りと話の面白さで、たちまち主婦たちの人気を集めた。三大地方局のネットに乗って全国に流れ、「名作アルバム」は全国版となって、大正製薬の名は広く知れ渡った。明治、大正、昭和の文芸作品を電波で紹介する試みは大ヒットした。当時の商業放送として最大の効果を上げたといわれている。

正吉の攻勢はまだ続く。ラジオ東京と文化放送、ニッポン放送の同じ時間帯を一手に押さえる戦略に出たのだ。その時間、どのダイヤルを回しても、大正製薬のコマーシャルが聞こえてくるのである。栄養剤「アテミス」と貼り薬「メンフラ」の名が全国の茶の間に届けられた。

後に昭和二十九年（一九五四）には文化放送から「のど自慢二つの歌」、三十年になると「浪曲学校」やラジオ東京「浪曲天狗道場」、「しろうと寄席」などで、「アテミス」、「サモン」、「ダマリン」、「メンフラ」などを広告した。

ラジオに続き、テレビ媒体によるコマーシャルにもいち早く乗り出している。テレビの民放発足当初からこれを活用し、やがてテレビコマーシャルに大々的に打って出て、「リポビタンD」などの製品を国民の目に焼きつけた。

　我が国のテレビ放送は、昭和二十八年（一九五三）二月にNHKが放送を開始し、続いて八月に民放初の日本テレビが登場した。その頃のテレビの値段は一台二十万円から三十万円もして、非常に高かった。白米十キロが六百八十円、銭湯の入浴料が十五円だから、とても庶民の手には届かない。皆は繁華街や主要な駅に設置された街頭テレビに群がったり、浴場や喫茶店などにあるテレビに釘付けになった。

　この様子を見て、正吉はやがて日本にも本格的なテレビ時代が来るのを確信した。そしてそれに備えた手はすでに打ってある。日本テレビの放送開始時から、「テレビ浮世亭」（金曜夜）を提供し、先陣をきっている。その後、昭和三十年三月には「しろうと寄席」（ラジオ東京テレビ、現TBS、火曜夜）をラジオと同時に放送した。

　五月になると、登録商標である「ワシ」のマークが新聞やテレビに登場しはじめる。その後、昭和三十六年には「サモン」のコマーシャルが現れ、一世を風靡した。

「子曰《しのたまわ》く、男女七歳にして席を同じうせず、十五歳にしてニキビに悩まされ、十七歳にして恋に破れ、二十五歳にして妻をめとる。三十歳にして立ち、四十歳にして惑わずサモンを飲む。楽しきかな人生、幸福なるかなサモン」

テレビにせよ、ラジオ、新聞、雑誌にせよ、大正製薬の宣伝はどれも好評を博したが、中でもテレビのプロ野球中継で読売巨人軍王貞治選手を起用した「リポビタンD」のコマーシャルは特筆される快挙であった。

大正製薬は早くも昭和三十五年五月には「大正リポビタンアワー」と称して後楽園のナイター中継をはじめた。その二年後にハワイ生まれの巨人軍エンディ・宮本選手を使い、

「ファイトで飲もう！　リポビタンD」

のセリフで放送していたのだが、退団したので王貞治選手に変えた。王選手はまだノンタイトルの新人だったが、一本足打法に変えて大正製薬の宣伝に登場するようになってから急にホームランを打ちはじめた。その年も含め、以後、連続ホームラン王に輝くのである。セリフは、

「ファイトで行こう！　リポビタンD」

になったが、王選手の人気が上がるにつれ、リポビタンDも破竹の勢いで売上が伸びた。王選手がホームランを打った日は特に急増した。昭和三十八年からはＴＢＳの水曜ナイターも放送し、ここでもリポビタンDの王選手をテレビ画面に流した。野球放送が終わる秋になると、今度は臨機応変にリポビタンDに代えて、以前からあるカゼ薬の「パブロン・アンプル」を宣伝した。

テレビの宣伝力は絶大だった。「リポビタンD」と「パブロン・アンプル」の大躍進がはじまり、会社の売上は急拡大していく。総売上で見ると、昭和三十七年（一九六二）に七十七億円台だったのが、三十八年には百七十億円と増え、四十年になると二百億円を越して、この三年間だけでも二・六倍という急増ぶりである。

もちろんこれら以外にも多くのテレビ番組を提供している。ドイツ軍と戦うアメリカ兵物語「コンバット」、牧伸二司会の「大正テレビ寄席」、「木下恵介劇場」、「喜びも悲しみも幾歳月」、「青春とは何だ」等々、どれもこれもが高視聴率を得た。中でも四十五年九月からの「姿三四郎」は大好評で、主題歌「柔」は美空ひばりのヒット曲にもなった。

正吉はこのように広告宣伝については独特の鋭い感性をもっていた。だがこれは決して天性のものではない。若いころ、故石井社長が会社を傾かせるまではまり込んだ「体素」や「ネオネオギー」の広告を通じて、薬店を訪れる時に市場からじかに学んだ苦いノウハウが肥《こ》やしになっている。学習で獲得した後天的な能力なのだった。それに加えて、考えて考え抜くのが楽しみだという、そんな生活習慣を仕立て上げた努力も大きい。

ちなみに爆発的に売れたこの大衆薬品「パブロン・アンプル」の開発について、こんなエピソードがある。昭和三十年ころ、水溶性の栄養剤自体は別に目新しいものではなく、すでに各社から販売されはじめていた。正吉はこれらの栄養剤アンプルを手にとって、何気《なにげ》なくあれこれと眺めていた。

そのとき、ふと目の中でアンプルが薬と結びついた。カゼ薬だ。

「これをアンプルに混ぜてみたら、どうなるだろう?」

ひょっとしてお客はカゼ薬が飲みやすくなるのではないか。小さな子供や年寄りによく見られるのだが、薬だけだとどうしても喉をつまらせたり咳をしたりで、苦労している。飲みなれている栄養剤に「解熱剤」を入れ、手軽に飲める風邪薬として売り出してみたらどうだろう。そうひらめいた正吉はすぐに開発部へ行き、技術者の意見を求めた。この考えが「パブロン・アンプル」の大ヒットにつながったのだった。

リポビタンDも正吉の閃《ひらめ》きがきっかけである。栄養剤のアンプルはこれまでも手がけてきたが、他社製品に比べて味がよいとほめられているものの、どうしても薬くささは残ってしまう。これを何とか解消する方法はないかと考えていた。あれやこれや思考を巡らせているうち、ふっと閃くものがあり、アンプル剤の大型を作ってみたら面白いかもしれないと思いついた。

容量を増やして大型にすれば、薬くささはもっと薄れるに違いない。そうなると、飲みやすくなり、飲みごたえも出てくるだろう。

そのためにはさらに味付けをして、うまい飲み物にすることだ。そしてアンプルごと冷やして飲めば、喉にすっきりして歓迎されるのではないか。こう考えて製品化したのが栄養ドリンク剤のリポビタンDだった。脂肪分解を意味するリポクラシスとビタミンを合わせた造語である。百ミリリットル入りのビンに入れ、それを店頭の「冷蔵ショーケース」で冷やして販売してみたら、たちまち予想を超えて受け入れられたのである。

ではもう一つの主力商品である「サモン」はどういうふうにして生まれたのだろうか。ここでも正吉のアイディアが生かされている。

後述するが、正吉は昭和二十五年（一九五〇）六月に参議院議員に立候補して当選し、社長職に加えて政治家という二足のわらじを履くことになった。国会に出入りするようになって、先ず驚いたことがある。

（何と沢山の薬を飲むのだろう）

大勢の政治家がいつも何種類もの栄養剤や保健薬を常備薬として持ち歩き、食事のたびに服用しているのだ。カバンの中に束のようにしてそれらを詰め込んでいる。正吉は長年、製薬を手がけてきた者として、思わず考えこんだ。

そっと品名や薬の包みを観察して、何種類の主成分があるのか、当たりをつけた。多い人では五種類も六種類もありそうで、これではかさが増えるのも無理はない。そんな状況を見ているうち、或る考えが閃いた。

（小型の錠剤にうまくまとめられるのではないか）

主成分を全部集めて、さらにそれへビタミン剤や老化予防の薬を加えても、小さな錠剤ですむはずだ。そうすれば袋の束を持ち歩かなくてもすむし、飲むのにも便利である。喜んでもらえるに違いない。そう思って製品化したのが、昭和三十年（一九五五）発売の「サモン」であった。

こう見てくると、正吉は製品開発にも才能があるように思えてくる。だがこれはまったく当たらない。営業技術にせよ製造の合理化にせよ、広告宣伝や製品開発にせよ、すべてにおいて天才ぶりを発揮するのだが、根底にあるのはたった一つである。それは考えて考え抜くという行為なのだ。

問題点に突き当たると正吉は、おかしなことにうれしくなる。「考える」という趣味に没頭できるからだ。彼にとっては、問題点は趣味のタネなのである。

先ず問題点を整理して、正確に認識する。次になぜそうなのかを分析し—Why、ではどうすれば解決できるのかを徹底的に考える—How なのである。ただ凡人と異なるのはその「考える」という行為の徹底ぶりだ。この徹底こそが正吉を成功へと導いた原動力なのだった。そしてもう一つ重要なことがある。それは常に大衆の心をつかもうとする熱意であった。どうすれば大衆に喜んでもらえるか。常に大衆の目線に立って物事を見、考えた。

と同時に拡大し続ける組織の中で、トップである自己の立ち位置にも注意を払っている。トップダウンと陣頭指揮をやめるつもりはないが、各組織の自主性を育てる意味でも、出来るだけ意思決定の中へ幹部を巻き込んだ。自分の思考、発想、経営哲学など大正製薬をここまで発展させてきたエキスを共有してもらい、それを将来の発展に生かしてほしいと考えている。

この正吉のトップダウンと陣頭指揮という経営姿勢は、当時の大企業トップとはかなり異なっていた。戦後復興から朝鮮動乱の特需を経て、さらに経済発展を続ける中で、彼らの多くは組織の頂点に君臨しているものの、いわば神輿《みこし》の上に乗った偉い経営者であった。部下にかつがれ、自ら汗をかくことなく、意見具申を待って「よきに計らえ」式で仕事を流していく。高度経済成長期に入ると、いっそうその傾向が強くなっていった。

ひるがえって今日のアメリカ経営では、CEO自らが自分の言葉で社内に経営の号令をかける。ミッション（方向性）、ビジョン（具体的戦略）、バリュー（価値観）を明確に述べねばならない。厳しいグローバル競争の今日、日本でもこれを守らない企業は見かけない。しかし正吉は企業規模の差があるとはいえ、当時から自然体でやっていたのであった。

もちろん外商員の重要性と質の向上については以前にも増して強調している。昭和三十三年一月号の社内報「だいなも」でこう述べている。

「……我々の事業もそうだが、世の中には、無制限に生産され、始めから滅茶苦茶な生産過剰の製品を、造って売って、激しい競争を展開しながら興隆したり衰退したりを繰り返している事業がたくさんある。

事業としては、これらが一番困難であり、こういう事業をモノにすることこそ、こういう競争に打ち勝つことこそ、男と生まれた生き甲斐ではないか。

こういう事業は、だんだんと営業という様相が濃くなって、しかもその重心は『販売』という部門にかかってくる。生産が過剰であり、競争が激甚であればあるほど、その事業は困難となり、したがってその営業は高級となる。遂に事業の興廃は販売部の力量いかんによって決する、というところまで行き着くのである。販売部に籍を置くものは、このことを自覚し、重い責任を感ずるとともに、高い誇りを持たなければならない。しからば、我々は何を考え、何を知り、いかに行動すべきであろうか。

品物がどんなに良かろうと、値段がどれほど安かろうと、いかほど盛んな宣伝を行おうと、それだけで品物は売れないこと、競争に勝てないことは、諸君が毎日身をもって体験している。それに有能なセールスマンがプラスしなければ、品物は決して売れないのである。

有能なセールスマンとは、どんな人だろう。容姿が端麗《たんれい》で物腰柔らかく、弁舌爽やかで性格明朗、お世辞が上手であいそよく――と、そんなことは三つ児でも知っていることだが、それだけで品物が売れないことは『だいなも』がよく証明している。それに、何がプラスしたら、有能なセールスマンが誕生するのだろう。

およそ人と人との交渉において、相手の心を動かすものは、人格である。人格からにじみ出る言葉や態度が相手を感心させたとき、初めて話がまとまるのは、一時の商談においても、長い取引関係においても同じである。

そこでセールスマンはどんな人格の持ち主であり、それがどのように日常の言動に表れなければならぬかを検討してみよう」

と説いて、三つの条件をあげている。正直であること、勤勉であること、そして熱心であることについて、具体的に詳しく述べるのである。またこれに三つの追い討ちをかけるのを忘れない。

第一に自社製品と他社製品に関する知識、第二に薬理、病理、生理、衛生、治療についての豊かな知識、第三にお得意様（薬局主）を指導できるだけの実力、これら三つを修得するように勧め、最後に「セールスマンは男児畢生の事業である」と結んでいる。

「お得意様の利益こそ第一」をモットーに、知恵と行動の両輪がフル回転を続けるなか、大正チェイン店の数は飛躍的に伸びた。

「大正会」の会員は店頭の見やすいところに、翼を広げて天を翔《かけ》る「ワシ」のマークを描いたホーロー製の看板を掲げ、その下に大正チェインと大書きしている。鳥の王者として、いかにも未来へ羽ばたく希望と風格を感じさせ、店頭に無言の明るさを添えた。チェイン店は全国各地にしっかりと根を張り、六千店を超えるまでに増えたのである。

ワシのマークが決まったのにはこんないきさつがあった。終戦後、いよいよ宣伝を開始しようと決めたとき、商標登録を何にするかで迷った。そこで正吉は息子で取締役をしている上原昭二に二つの条件を出して考えるように命じた。一つは世界中の老若男女、誰が見ても何の形か分る商標であること、もう一つはその形は耳で聞いてもよく分るものであること、である。

昭二はあれこれアイディアを出してみるが、どれもこれもすでに商標登録されていて、使えない。百獣の王「ライオン」は気に入ったのだが、これもダメ。そこで浮かび上がったのが鳥の王者である「鷲《わし》」だった。

先行する「大正会」に並行して、「ワシの会」が各地につくられるようになった。これはチェイン店以外の取引契約店も取り込んでしまおうとの目論みだ。「ワシの会」のもとに彼らを地域ごとに組織化し、「大正会」会員店と多少の違いのある取引契約を同じように結び、同時に一定の医薬品についての再販価格維持契約も結ぶようにした。

再販価格維持というのは、公正取引委員会が指定する一部の商品について、メーカーが卸・小売業者に対し商品の小売価格の値段変更を許さず、定価で販売させることをいう。しかし独禁法の観点から、遅ればせながら一九九七年、化粧品と医薬品の一部に残っていたこの維持制度は廃止された。

「ワシの会」も「大正会」と同様に、地域ごとの総会を開いて役員を選出し、いろんな意見を本部である大正製薬へ具申した。会員が大正製薬から仕入れた商品に対する支払額を年二回に分けて通算し、支払額に応じて割戻金を会社から支払うことになっている。但し割戻金の四分の一は保証金として積み立てた。

「大正会」の評判もあり、「ワシの会」の会員店はたちまち全国に広がった。昭和三十九年には二万八千店を数えるほどまでに増えた。

「事務の合理化に終わりはない」

正吉はそう言って、こちらの方でも目を光らせた。以前、カナタイプとモンロー計算機を導入した結果、計算と記帳の事務効率が飛躍的に改善した。だがその後、会社の発展がめざましく、どうも事務量にスピードがついていけなくなっていた。

例えば商品の出庫でいえば、先ずカナタイプで打たれた伝票が倉庫に回る。それに基づき出荷の指示がなされると、直ちに帳票部に回されて集計される。この集計にモンロー計算機が使用された。これは卓上型で、手でハンドルを回して加減算をするのだが、計算と記帳だけに限っても、すでに限界に来ている。ましてや全社のすべての金と物品の流れを計算するのは不可能だ。それに読み込みや入力などを人の手に頼るため、どうしても計算ミスは避けられない。このミスが一たび起これば、どこにあるのかを探すのは容易ではなかった。

事務改善会議は白熱した。この際、思いきってIBM製電子計算機を導入したらどうかという意見と、それに反対する意見が対立した。

「もし導入して失敗したら、それこそ取り返しがつきません。それよりは、もっとカナタイプとモンロー計算機を増やして、しばらく様子を見てみたらどうでしょうか」

そのうち電子計算機導入のための判断材料が出揃うだろうというのだ。もちろん正吉をはじめ、委員会のメンバーはすでにIBM電子計算機の見学を終えている。議論が百出したところで正吉が判断を下した。

「両方の意見はもっともなことです。しかし先手必勝という言葉がある。ライバル社がまだ導入していないからこそ、やる価値があると私は思うね」

昭和三十三年（一九五八）、業界に先駆けてIBM機が導入された。これはパンチ・カード・システム（穿孔カード式会計システム）と呼ばれる方式で、二進法を使い、今日のコンピューターから見れば、極めて幼稚なものだった。一言でいえば、ソロバンやモンロー計算機の代わりをするとともに、印刷も行うという一連の機械だ。

導入にともない、帳票部の中にＩＢＭ一課と二課がつくられた。一課は電子計算機の機械管理を担当し、二課はパンチ・カードの作成を担った。一課にはマシンオペレーター、そして二課には女性のキーパンチャーが配置された。

導入効果は予想以上だった。集計違いや出庫の間違いはまったくなくなった。分類、集計、計算などの作業が正確かつ迅速に行われ、皆は時代の流れを身にしみて感じた。

先ず手順として、最初に遠方の北海道と東北六県に対する送品や請求業務、製品出納業務を機械化し、続いて関東から東京都内へと実施していった。機械化による合理化は、計算と記帳だけでなく、当然、全社のあらゆる部門へと拡大させた。金とモノだけでなく、人事管理の資料に至るまで、すべてのデータをパンチにして合理化を進めた。

その後も電算化の熱意は消えることはなく、昭和四十年（一九六五）一月、ＩＢＭ一四〇一型電子計算機（カード・システム）を導入し、翌四十一年十月には同じＩＢＭ一四〇一型でカードに代えてテープ・システムに切り換えた。磁気テープが開発され、高能率のデータ入力が可能になったのだった。これにより、事務がよりいっそうスピーディになった。

その後、大型コンピューターのＩＢＭ三六〇や富士通ＦＡＣＯＭ二三〇等々を続々と導入し、本社だけでなく工場や支店にも配備した。そしてやがて昭和五十七年（一九八二）ころになると、すべてを富士通や日本電気などの国産コンピューターへ置き換えたのだった。

さて少し時点はさかのぼるが、昭和二十三年（一九四八）、正吉と小枝の息子、昭二は東京薬科大学を卒業すると、大正製薬へ入社した。二年後には代表権をもつ取締役にスピード昇進している。ワシの商標登録を考案したのもこの頃だ。正吉自身、昭二が昇進したその年、参議院選挙に当選し、国会議員との二束のわらじを履くことになったのもあり、そろそろ息子にも経営の見習いをさせねばと思ったのだろう。

小枝が裏方の業務で、パートナーとして副社長ポストで支えてくれているので、安心はしている。だが昭二の肩には大正製薬の未来がかかっており、彼にはどんどん修羅場に身を置いて、苦労して欲しいと考えた。

会社が発展するにつれ、正吉は工場設備も拡張に次ぐ拡張で積極的に対応してきた。今や本社工場を中心に七ヵ所の工場が稼動していた。それに伴い鹿島建設の設計施工で本社事務所と倉庫も新築しており、その白亜のビル四棟が並んだ光景は実に壮観である。これらの建設は小枝と昭二が全面的に受け持った。第二倉庫の五階には五百人収容の大ホールがあって、ここで外商員を集めた販売会議や社内レクリエーションの催し物が行われた。

各工場からは空に向かって何本もの巨大なボイラー用煙突がそびえ立ち、どの煙突にも「大正製薬」と書かれた大きなネオンが取り付けられている。夜になると、真っ暗な空間にその四文字の赤いネオンが大胆に浮かび上がった。この辺り高田南町一帯は、付近の住民から「大正村」と呼ばれるほどの偉容を誇った。

相次ぐ工場建設で、昭和三十二年以降、本社付近はもうこれ以上、拡張の余地がなくなった。そこで思いきって京浜東北線の浦和に進出する決心をした。八洲化学工場の敷地建物と、その隣接地九千三百坪を買収して、浦和工場とした。「リポビタンD」の主原料となるタウリンをはじめ、各種原料の量産を開始したのである。

正吉はうれしい悲鳴を上げていた。売上がどんどん伸びて、生産が追いつかないのだ。もう流れ出した水の勢いは止まらない。再び工場の増設に迫られた。高田南町の本社には七つの工場群があり、一万坪近い浦和工場もフル稼働している。それでも足りないのだ。

――よし、今度こそ大正製薬の屋台骨となる工場を建設しよう。

思いきって広い土地に最新鋭の大工場をつくろうと、埼玉県内に土地を探しはじめた。ちょうどうまい具合に大宮市の北側吉野原に適地を見つけた。日本住宅公団が工場団地を造成しており、そこの四万坪と、さらに隣接地五万坪の計九万坪に及ぶ広大な敷地を確保した。そして鹿島建設の施工で大宮工場建設がはじまったのである。

用地買収が終わると、小枝、昭二両副社長を前に、正吉は言った。

「二人に全部まかせる。費用のことは心配するな。君たちの好きなようにやってくれないか」

昭二はまるで少年時代に返ったように目を輝かせ、黒い瞳に力を込めた。

「薬品工場であるからには、清楚なものにしたいと思います。工場内にはゆったりした道路をつくって、両側には並木を植えます。噴水のある池もつくりましょう。公園の中に工場があるというイメージです」

「分った。それでやってくれ」

早速、昭二は欧米の製薬工場見学に出かけた。三、四回、出かけた。立体型と平面型《フラット》の工場の両方を数多く見たが、最終的にフラットで行くことにした。そのメリットを昭二はこう述べている。

立体的だと、水を沢山使ったりするとコンクリートが腐食するなど、保守の面で問題がある。フラットの場合、少しぜいたくなつくりになるが、非常に効率的で、仕事がやりやすいというのだ。

また工場の外側に一段高いガラス張りの見学通路を設け、そこから内部がよく見えるようにした。清潔な公園工場が目標なので、工場内の道幅はメイン道路が九メートル、その左右に二メートルずつのグリーンベルトをとり、計十三メートル幅の道路となった。今でこそ大したことではないが、当時としては画期的な道幅だ。植樹の造園だけでも一億円をかけた。事務棟の二階には千二百名収容の大ホールがあり、一階ロビーの横に大きな池と噴水がつくられて、昭二が意図した清楚な公園を思わせるような工場に仕上がっていた。

資金関係は小枝が受け持った。鹿島建設と毎月一定額を五年がかりで支払う契約をし、一円の借入金もなしに全額自己資金でまかなったのだった。無借金経営はこの会社では当たり前のことなのである。

その後も空いた敷地に続々と工場、倉庫、事務所などが建てられた。福利厚生の一環として二十五メートルプールもつくられたが、これは非常時の防火用水としての利用も兼ねた。

昭和四十九年七月、昭二社長（四十八年社長に就任）念願の「大正製薬総合研究所」が大宮工場の敷地内に完成した。工事途中にオイルショックに遭遇して建築資材難に直面したが、どうにか乗りきり、計画通りに終えた。

建物面積三千六百坪強の広さで、鉄筋コンクリート建て二棟から成り、それぞれが地下一階、地上五階建てだ。一棟は化学棟、もう一棟は生物棟である。生物棟の五階に図書室を設けた。

研究開発に力を入れる昭二は、この総合研究所に隣接して新たに「新生物棟」も建設した。いよいよ大衆薬だけでなく、医家向け医薬品にも本腰を入れはじめたのだった。昭二は言う。

「大正製薬は、創業当初から一般薬で起こった会社ですから、売上の九十％は大衆薬で、医家向けの薬品は十％くらいですが、これを二十五％くらいまでに伸ばして行くつもりです」

会長職にあった正吉も満足である。息子が見せる並々ならぬ意欲に、自分の若い時分の一途な猛進と重ね合わせ、肩の荷を分け合ってくれる頼もしい相棒、いや、いずれすべての荷を担いでくれる相棒が増えたことを心底、喜んだ。

昭和三十八年（一九六三）九月十八日、大正製薬株式会社は株式公開に踏み切り、東京証券取引所市場第二部に上場した。この会社は終戦直後からずっと資本金を二百万円に据え置いたままで、株式配当をしていなかった。利益金は社内留保としてすべて貯えていた。大株主である正吉が、

——配当などどうでもいい。先ずは会社の基礎を固めることだ。

と考え、かたくなに実行してきたからだった。しかし会社の実力も相当につき、昭和三十六年五月に配当金六百万円を使って増資して、資本金を八百万円とした。その後も資産再評価や株式配当金を使って何度か増資を繰り返し、資本金を四億円にしたのである。ここで株式公開に踏み切ったのだった。

日興証券を通じ、額面五十円のものを二千円の公開値で売り出した。世間では、

「兜町史上最高の公開株価だ」

と大きな反響を呼んだが、正吉自身はもっと高値でいけると思っていた。その時、記者団との会見でこう正直に感想を述べている。

「株式を公開しても（会社が）資金を調達する必要はありません。大正製薬は差し当たって金には困らない。しかし、将来のために、このへんで資金調達の窓口をつくっておくのもよいだろうと考えて公開しました。公開の株価は高いというが、実力からいって決して高いとは思いません。（会社の）借金は一文もないし、成長率は極めて高い。三千円か三千五百円で公開しても十分いける実力を持っていると思っていましたが、証券屋さんに押さえられ、値切られて二千円になりました」

この発言がウソでないことが直ぐに証明された。早くも翌年五月に資本金を六億円増加して十億円にした。この増資分は資本準備金のうちから四億円を使い、また配当金二億円を当てたのだが、会社の急成長ぶりを如実に物語っている。

その後も会社の大発展にともない、資本金も飛躍的に増加した。昭和四十一年五月に配当金を当てて資本金を二十三億四千万円まで増やし、その年の八月、東京証券取引所市場第一部銘柄に指定された。大した出世ぶりである。

さらに発展は止まるところを知らず、有償増資や資本準備金、配当金等を使って増資を繰り返し、昭和五十年には資本金百五十億円にまでなった。投資家は正直なもので、大正製薬の高成長と将来性を買って、競って有償増資に応じた。

全国高額所得者番付でも正吉はいきなり一位に躍り出た。前年度の確定申告が終わった五月頃に毎年、税務署から発表されるのだが、この年、昭和四十年（一九六五）五月一日に前年度所得の番付が発表されたのだ。それまでは松下電器産業の松下幸之助が昭和三十年以来、連続して一位の座を保ってきたのだった。

正吉は過半数の株式を所有していたので、その配当収入が巨額にのぼり、加えて国会議員の歳費もあって、一位になった。続く四十一年、四十二年もトップを占め、上原正吉は金持ちだというイメージが世間の目に焼きついた。

ところが翌年の四十三年は上位十位からはずれたのだ。これは突然、「パブロン・アンプル」事件が起こり、有力商品の「強力パブロン・アンプル」の製造販売を中止したためだった。売上が急減して減配になり、責任を感じた正吉は役員賞与を辞退した。

昭和四十年はA型インフルエンザが大流行した年である。患者数二万六千人、学級閉鎖二千三百七十八を数えた。その年の二月に千葉と静岡で「強力パブロン・アンプル」を飲んだとされる人の死亡事故が三件連続して発生した。

そのうちの一人、千葉の十五歳女性の場合、直接の死因は心臓麻痺だったが、前日に朝、夜二回「パブロン・アンプル」を服用していた。死体解剖が行われず、科学的な原因究明がなされなかったので真の死亡原因は不明であった。しかし他社のサリドマイド薬害が問題になっていた時期と重なり、マスコミはこのアンプル事件を連日取り上げた。「アンプルによるショック死」と大々的に報じたのである。

そのころ静岡でも似たような事件が発生した。三十九歳の女性が死亡前日、四十度近い熱をだし、診療所医師の診察を受けた。注射二本をうち、粉薬一袋を飲んだが、夜になっても熱が下がらない。吐き気を催すので午前零時頃アンプルを一本飲んだという。そして明け方から昏睡状態となり、九時半頃に死亡した。これを見て、ますますマスコミはアンプルのせいだと騒ぎたてた。

何ヵ所かの公的機関で「パブロン・アンプル」を試験した結果、製品は厚生省で許可された処方通り正確につくられていることが証明された。ただ残念なことに、三例とも死体解剖がなされなかっただけでなく、アンプル試験以外の科学的な死因究明がなされないまま、マスコミ報道だけがますます過熱し、一人歩きした。

不十分な状況判断だけが先行した。アンプル剤服用の前後に、他のピリン系かぜ薬の内服やピリン剤ほか数種類の薬品が注射されているにもかかわらず、これらの処置が無視され、アンプル剤だけが悪いと糾弾《きゅうだん》されたのだった。

大正製薬のアンプル入りかぜ薬は年間九千万本も製造し、すでに十年の歴史をもっている。市場占有率七十％を占めたドル箱商品だ。これほど手痛いことはない。だが騒ぎが起こるや、正吉はためらうことなく早い時点で社内号令を出した。全商品の回収を決断したのだ。

「製造も販売も直ちに中止する。損害などについては心配しなくてよい」

大正製薬はいつどんなことが起こっても、うろたえないように、普段から無駄のない経営を心がけ、社内に力を蓄えてきた。だから会社のことは心配しなくていいと力強く言い、次のように注文をつける。

「ただお得意様の売上が減って、お得意様に損害がかかるのをどうやって防ぐかだ。諸君には全力をあげてそのことを考えてもらいたい」

このとき正吉の心の中は、消費者の不安をなくすというのはもちろんだが、得意先の損害をどういうふうに和らげるかという、相手の立場を思いやる顧客本位の姿勢でいっぱいだった。会社の損失のことなど微塵も考えていなかった。

社員たちも正吉の思いに真正面から応えた。アンプルに代わって、錠剤のカゼ薬「新パブロン」、「パブロン・ゴールド顆粒」の売り込みに必死に取り組み、歯を食いしばってその苦闘に耐えた。そして各地で順次、カゼ薬の王座を取り返し、加えて「サモン・ゴールド」や「リポビタンDスーパー」なども好調な売れ行きを示した。

百七十億円まで落ち込んだ売上高は、二年も経たないうちに元の二百一億円に迫る百九十六億円にまで急回復した。上原正吉軍団の底力とでも言うべきか。そして翌四十三年度には二百二十八億円を達成し、年々、破竹の勢いで伸びて、五十六年度には九百十七億円を超えたのだった。

この業績回復の波に乗り、正吉の高額所得番付は、四十三年五月は十位から消えたものの、翌四十四年には四位に登場し、五十二年、五十三年と続けて一位、五十四年二位、五十五年一位、五十六年と五十七年二位というふうにトップテンの常連となった。

途中に、土地成金のにわか長者が増えたため、正吉は何回かは消えたが、それがおさまると、再び上位に浮上した。これの意味するところは明瞭だ。正吉の所得の大部分は大正製薬の株式配当によるもので、それはつまり大正製薬が毎年、高収益を上げ、その結果、高配当を続けてきたこと以外の何者でもない。

なお大正製薬を発展させてきた「株主特約制度」は、その後も薬局、薬店の加入が増え続け、それからはるか後年、会社の取引先のほとんどを株主特約店が占めるようになった。日本の流通業界にあっても大きな存在として認められる迄に発展したのだが、ここにきて前向きにその役割を終える日が来た。平成二十二年三月末をもって薬局、薬店と共に栄えてきた特約株主制度は発展的に解消されたのである。

金銭的にも仕事のやり甲斐という意味でも、順風満帆できた正吉と小枝の上に、思いがけない悲劇が舞い降りた。昭和四十四年（一九六九）、常務取締役として社長見習いの途上にあった息子の昭二が、出張先のドイツで突然、脳血栓で倒れたのだ。四十二歳の油の乗りきった時である。

世界大衆薬協会の会議に出席するため、ドイツのバーデンバーデンを訪れていた。ドイツ南西部の山麓に位置する歴史の古い都市で、古代からヨーロッパ有数の温泉地として名高い。十九世紀の音楽家、ブラームスやシューマン、ヨハン・シュトラウスなどもたびたび訪れたという。

ホテルに着いた時は何ともなかったのだが、部屋へ案内されて程なくして急に気分が悪くなった。飛行機の中での睡眠不足のせいかもしれないと、思い流そうとする。だが吐き気に加えてめまいもしてきた。しかも時間とともにますます悪化する一方だ。

昔、子供時分に肺結核を患ったことがあり、体力頑健というわけではないが、今は健康である。日本出発前の健康診断では異常はなかった。何とか一晩我慢したのだが、とうとう翌日、バーデンバーデンの市立病院へ検査入院することにした。その結果、内耳疾患のメニエール病と診断された。

早速、治療が開始された。病名がはっきりし、とりあえず一安心したのも束の間、再び不安が襲ってきた。治療をしても一向に容態が改善せず、一進一退が続くのだ。むしろ悪化している。そこで脳専門であるフライブルグ大学の専門医に診てもらったところ、今度は脳血栓と診断されたのだった。

これは大ごとである。目の前が真っ暗になった。いっそう不安を募らせるなか、投薬による懸命の治療が続けられた。その甲斐あってやや回復傾向は見られたが、依然として深刻だ。まったく予断を許さず、治癒の見通しが立たない。左半身に最も恐れていた麻痺が残り、再起は難しい状態が続いた。

倒れて十日後に妻のちゑが看病のためドイツへ来ている。ちゑは一日も早い回復を祈り、一喜一憂しながら、まるで寸秒でも失うまいと、夫のそばで日々の時間を付き添った。日本から持参した蕎麦《そば》をゆで、おいしそうにそれを食べる夫の顔を見て、不憫《ふびん》な思いで胸をつまらせた。昭二は少し気分がいいとき、俳句や短歌を詠むのだが、ちゑは何だかこんな時にでも自分を安心させようとしてくれているのではないかと、そんな夫の優しい心根に触れ、黙って胸の内で泣いた。

遠く離れた日本にいる正吉と小枝は、気が気ではない。一日の何と長いことか。昭二の入院中の様子はテレックス（テレタイプ端末を使用した初期のデジタル通信方式のこと）で逐

一、知らされるが、食事が喉を通らない。あれほど仕事一途な正吉だったが、会社へ出ても、まるで魂の抜け殻のようになってしまい、椅子に座り込んだままである。

（助けられるものなら、何としてでも助けたい……）

長者番付など、どうでもいい。ただ助けてほしい。何と自分は無力な存在なのだろう。世間は番付、番付と騒ぐが、金など何の価値もないことを身に滲みて痛感した。

どうか息子の命を助けてほしい。体を元に戻してほしい。ただこれだけだ。もし自分が身代わりになって息子が助かるのなら、喜んでそうしたい。こんな命でも息子と交換してもらえるなら、と神仏にすがるだけの状態が情けなく、そんな自分が悲しかった。それでも心の中で、「昭二、頑張れよ、頑張れよ」と何度も叫ぶのである。

小枝も同じ心境だった。夫の消沈した顔を目の当たりにし、言葉を交わさなくても気持ちが手に取るように伝わってくる。それにこんなことになってしまい、死んだ兄にも申し訳ない思いでいっぱいだ。なぜ出張などしたのかと、誰に当たるわけではないが、突然降って湧いた運命の残酷さを恨んだ。そしてただじっと日本で待っているだけの状況に、自分たちの無力さに苛立ち、打ちひしがれた。

そんな小枝に正吉は気をとりなおし、

「大丈夫。大丈夫だよ。きっとよくなるよ」

と慰めの言葉をかけるが、その意味のなさを自分でも自覚している。実際、正吉自身、これまで何のために一生懸命働いてきたのか、その意味さえ見失うほどの失意に沈んだのだった。自分がこれほど弱い人間だとは初めて知ったが、これまで人生で成し遂げてきたものが、まるで陽炎《かげろう》のような虚像の軽さでしかないのを、ぼんやりとした意識の底でなぞっていた。そして悲観の流れは正吉をますます先へと追いやった。

（ひょっとして、この会社も手放さなければならぬかもしれないな）

いや、ひょっとしてではなく、たぶん近い将来のことかもしれぬ。ここまで育てた会社だが、最悪の場合、売却も考えねばならないと、まだわずかに残った経営者としての気力がそんなことを考えさせた。

だがその一方で、まだ少女である二人の孫を見て、

（何としても昭二を元気な体にしなければ……）

と心に誓い、激しく気持ちを揺らすのだった。

そんなところへかすかな朗報が入ってきた。昭二の容態が好転する兆しが見えてきたのだ。夫婦は夢ではないかと、いっぺんに明るい気持ちを抱き、

「いやいや、いつまたどんでん返しがあるかもしれないぞ」

と気持ちに釘をさしながらも、一日千秋の思いで次のテレックスを待った。

昭二は驚異的に回復した。入院して二ヵ月、どうにかこうにか、手すりにつかまって歩けるまでになった。神は見捨てなかったのだ。正吉と小枝は天にも昇るうれしさで、世の中のすべてが明るくなったような気持ちに満ち溢れた。

「子供のようね」

小枝に軽口をたたかれ、正吉は、子供よりもうれしいよと、血の気《け》のさした頬を盛り上げて返した。

「あとは帰国させ、国内の専門病院で治療を受けさせよう」

二人は熟慮の末、そう結論を出し、ドイツの病院へ打診した。が色よい返事が来ない。

「まだ容態の経過を見守る必要がある」

というのだ。だがここまで回復したら、気心の知れた日本の病院の方が安心だ。それにリハビリは時間がかかるという。正吉は再度交渉し、すぐに病院へ入院させることを条件に帰国が許された。

退院時、医師や看護婦たちが皆、玄関まできて見送ってくれた。その顔には命を救えたことの安堵と職業人としての謙虚な誇り、そしてそれ以上に二ヵ月のあいだに育《はぐく》まれた、国境を越えた素朴な親近の情がのぞいている。昭二は感謝の念と同時に、彼らに負けない以上の親しみが一気に込み上げ、思わず目頭が熱くなった。ちゑと共に日本式に何度も頭を下げながら車に乗り込んだ。

羽田空港に着いた昭二を見て、正吉夫妻は胸を締め付けられた。八十キロを超えた頑丈な体が、痛々しいほどに痩せ細っている。闘病のきつさが察せられ、思わず涙が滲み出た。それでも元気な声に勇気づけられ、いよいよ息子が帰ってきたのだという実感を噛み締めた。そして手配通り、空港から直接、車で慶応病院へ直行した。

長かった入院生活だが、終わってみれば、あっという間だ。昭二はよくこれに耐え、元の体に全快して退院した。医師の力もあるだろう。しかしそれ以上に不安と焦りに打ち克った昭二の並々ならぬ闘魂が、そうさせた。修羅場というものは人を大きくするものである。子供時代の肺結核だけでも精神的に鍛錬されたが、不遜な表現だけれど、今回の闘病でいっそう強固なものに仕立て上げられた。

一回りも二回りも成長した昭二は、その四年後の昭和四十八年（一九七三）に正吉に代わり、代表取締役社長に選任され、以後、大正製薬を引っ張っていくのである。このとき正吉は会長ポストに退き、第一線を心おきなく昭二に譲っている。

後に昭二は入院当時のことを思い出し、面白おかしく、ちゑや子供たちに語った。それは、ちゑが日本からドイツの病院にやってくる前のことだ。看護婦たちが病室の周りをしきりに大掃除している。いったい何があるのかと思い、尋ねてみると、

「あなたの奥さんが来られるので綺麗にしているんですよ」

と答えた。日本女性だからきっと舞子のように髷《まげ》を結《ゆ》って着物姿で来ると思っていたらしい。ところが洋服で現れたので、がっかりしていたというのだ。その病院に日本人が入院したのも昭二が初めてだったという。

正吉は成功した実業家であると同時に、政治家の顔も持っていた。昭和二十五年（一九五〇）六月の選挙で、埼玉地方区から立候補して参議院議員に当選している。五十二歳の時だった。

ただ立候補した理由が変わっている。当初は政治家になる意思など微塵も持っていなかった。他の人を衆議院議員にしようと考えていたのだ。それがひょんなことから自分にお鉢が回ってきたというのである。

戦争末期から戦後にかけ、正吉のみならず、事業経営者は皆、商売を続けるのに苦労した。物資が不足して、何かにつけ政治的な力を持つ人に頼まなければうまくいかない。その人を探すのもこれまた一苦労で、実に歯がゆかった。原料入手のみならず、石炭や電気、ガスなどの動力源を得るのに、政治家の助力が必要な時代だったのである。そこで或る都会議員を昭和二十一年（一九四六）の国政選挙で議会に送り込み、彼の郷里から出馬させようと、正吉は不自由だった紙を苦労して集めてきたり、資金を準備したりして、応援に入った。ところが運の悪いことに、その人が川で魚とりをしていたとき、足にばい菌が入って高熱を発し、あっけなく急死した。そこでせっかく準備したのだからと、急遽、誰か別の候補者を探すことになった。

そのころ、昔、東京で土木請負をしていた正吉の兄孝助が、郷里の埼玉へ帰って県会議員をしていた。話を聞いて、

「じゃあ、あんたが埼玉から立候補したらいいんじゃないか」

と正吉にしきりに勧めるのだ。

「とんでもない。政治家なんて真っ平ですよ。会社をやるだけでも忙しいんですから」

あわてて打ち消すのだが、どうしたことか、横にいた小枝が急に乗り気になった。正吉の方を向き、孝助といっしょになって説得に回ったのである。本人が議員になるのが一番近道だと言うのだ。

「亡くなった石井社長が政治家を志しておられたこと、ご存知でしょ。それに私の父だって、一時は東京府会議員を目指していました。この際、二人の遺志を継いでみたらどうかしら」

会社の方はこれまで以上に自分も力を入れるからと、本気で立候補を勧めた。

正吉は考え込んだ。血は争えないものだ。小枝の中に政治家の血が流れているのかもしれ

ない、と思った。居合わせた有力者の人たちも口をそろえて同調した。早く候補者を決めなければならないこともあり、そこまで皆が言ってくれるのならと、とうとう引き受けることにした。

ところがいざ自分がやろうとしたら、いろいろな点で準備不足なのが露呈し、改めて昭和二十五年の参議院選挙に埼玉県地方区から立候補し、二位の得票数で当選したのだった。

しかし当選した時は都会議員を担ごうとした時分からもう四年も経ち、以前のような政治力を商売に利用する時代ではなく、商売一本で堂々と勝負ができる時代になっていた。

（これでよかった）

むしろこの方が正吉にとって有難かった。会社のためとはいえ、自らが権力を利用するのには後ろめたさがある。むしろ恥でもある。

しかしせっかくもらったチャンスだ。国会議員として精いっぱい尽くしてみたいと思った。もちろん会社を手抜きする考えは毛頭ない。これはこれで初志貫徹し、一流の会社に育てる夢は今まで以上にふくらんでいる。それに小枝もいっそうヤル気が出てきたようで、心強い限りだ。

国会の赤じゅうたんを踏むにあたり、決めたことが二つある。それは議員の地位を商売に利用しないということと、もう一つは先の戦争で国のために戦って命を捨てた人たちへの鎮《ちん》魂《こん》であり、家の大黒柱を失った遺族に対するせめてもの援護と生活保障の問題だ。

今でも時々、ふとした拍子に戦死した大正製薬の社員たちや近隣の若者たちの顔を思い出す。戦争には負けたけれど、彼らの犠牲があったからこそ今の日本があるのだ。今の大正製薬と自分があるのだ。そう思うと、何か見えない彼らから絶対的な借りを背負ったような、逃げることの出来ない息苦しさを覚えた。

一たび会社を出て国会へ入ると、参議院自由党の副幹事長や諸々の役員の務めはあるが、頭の芯には絶えず戦没者のことがあった。戦争で夫や息子を失った未亡人、老父母らの生活は惨めである。目をおおっているわけにはいかない。やれるだけのことはやらねばならぬ。正吉はひそかに気の合う議員仲間と相談した。

ひそかに、というのには理由がある。当時はGHQの統治下にあり、日本から軍国主義を一掃するための厳しい政策が次々ととられていた。そんな中で靖国神社に祭られている戦没者の慰霊や戦没者遺族の援護など、口に出すことさえ勇気がいった。その一言で軍国主義復活を連想させ、たとえ国会議員といえども、どんなお咎《とが》めがくるか分らない。

だが正吉は恐れなかった。戦没者に対して持っている「借り」の苦しさは、自己の良心への戦闘宣言を自覚させ、お咎めの恐れを無視する勇気を与えてくれた。国会内の同志と組んで、GHQや政府関係者に陳情をはじめた。

最初はとんでもないといった感じで拒絶され、睨《にら》まれたが、くじけずに執拗に陳情を続けた。暗闇の中でも希望を捨てずに頑張っていれば、いつかは明かりが見えてくる。これは商売の戦いから得たゆるぎない信念だ。綿密な資料と論破を許さない理論で防備し、その一方でまるで営業をしている時のような誠実さと熱意で相手に接した。牛馬を思わせるのろさであるが、同時に牛馬のような着実な力強さがあった。

そのうち社会の流れが変わってきた。朝鮮戦争が深刻化するにつれ、アメリカの対日政策に変化が現れた。北朝鮮を支援するソ連と中国に対抗するため、日本を弱体化するどころか、むしろ強化する必要に迫られたのだ。

時のトルーマン大統領は過度な軍事解体に走るGHQにノーを突きつけ、やがて翌昭和二十六年（一九五一）四月、GHQ最高司令官のダグラス・マッカーサーが解任された。そしてさらに同年九月、サンフランシスコで対日講和条約が調印され、翌二十七年四月二十八日には遂にGHQ自体が活動停止となったのだった。

時は正吉らに味方した。陳情は徐々に日陰から日向《ひなた》への行動に変わり、まだ成果を得るところまではいかないまでも、真剣な議論がなされるようになった。明るい展望がひらけてきた。

「あと一息だ。頑張ろう」

最小限でもいいから遺族援護のとっかかりをつくりたいと、正吉がリーダーとなり、懸命に働きかけてきた。そしてその甲斐あって、ＧＨＱが活動停止した二日後の四月三十日に、「戦傷病者戦没者遺族等援護法」が公布され、はじめて国家補償の糸口がひらかれたのだった。

だが正吉は満足していない。また新たな法制定に向け、活動するのである。先ず二十八年三月、それまであった全国組織の「日本遺族厚生連盟」を「財団法人日本遺族会」として認可させた。そして同年八月、「恩給法の一部を改正する法律」を成立させ、軍人恩給の復活など、ようやくここにきて国家補償の肉付けをしていくのである。

「まだまだ、まだまだだ」

法律改正はしても、乏しい国家財政のため、その名に恥じる貧弱な内容にとどまっている。遺族の窮状を救うには程遠い。

（もっと大勢の議員を巻き込まなければ……）

正吉は新たな戦略を考えた。恩給増額を実現するには自分たちだけでは限界がある。そこでもっと大きな声を生み出す組織として、議員同士の協議会を立ち上げた。「遺家族議員協議会」と「軍恩議員協議会」などができ、それらの組織が毎年、予算編成の時期になると、自民党三役や政府と交渉し、根気よく増額を積み上げていったのだった。

昭和三十一年七月八日が近づいた。参議院の改選日である。早いもので、一期目の六年はあっという間に過ぎた。次をどうするかだが、正吉は迷うことなく立候補を決めている。なぜなら大正製薬の業績が順調に伸びているからである。

テレビ宣伝や合理化の後押しもあり、業績はすこぶる順調だ。小枝も約束通り懸命に経営を支えてくれているし、昭二も年齢に比べた地位の高さにも負けず、着実に力をつけてきた。何もかもうまくいき、恐いくらいである。運がよすぎる。だが時々ではあるが、努力も常に人一倍してきたことに気づき、単なる僥倖《ぎょうこう》だけでなく自分の力も働いていることを知って、少しは安心もした。

選挙は今回も小枝が不眠不休で頑張り、無事、当選した。小枝は有能な選挙参謀でもあった。広い県内を車に乗ってモンペ姿で走り回るだけでなく、夜遅く帰ってくる運動員たちの報告を詳しく聞き、翌日の作戦を立てる。それなのに午前六時には事務所を後にしていた。

しかしさすがは小枝らしい知恵を働かせている。選挙運動の期間は全部で二十五日。皆、別行動なので、夫のことをかまっている余裕はない。そこで正吉のワイシャツや下着、靴下、ハンカチなど、一日分の衣類を一包みにして、計二十五包みこしらえた。

「汚れても汚れなくても、毎日取り替えて下さいよ。包みが全部なくなった日に選挙運動が終わるのですから」

　正吉を前にして初日にそう言うと、後は毎朝ぱっと家を飛び出し、町から村へと必死になって移動した。近くに立会演説会があると、誰の選挙演説であろうとお構いなしにそっと顔をのぞかせた。聴衆に混じって聞き耳をたて、そばの人たちのヒソヒソ話を聞いて参考になりそうなものがあると、すぐに電話で事務所へ知らせたという。

　今回の選挙が特に苦しかったのには理由がある。県知事を二期目の途中までつとめた人も正吉と同じ自民党からの公認で出馬したからだ。この選挙区は前回、社会党と二つのポストを分け合い、トップ当選を許した。その社会党が今回も依然として強敵で、そこへ県下の知名度抜群の現職知事が横滑りしてきたのだから、大苦戦である。前回二位当選の正吉が振り落とされるのではとの予測が強いなか、汗とホコリで顔をべとべとにしながら、必死の選挙戦を繰り広げた。

　開票結果は前知事がダントツのトップで、正吉は次点の社会党候補にわずか七千七百十四票の僅差で勝ち、再選を果したのである。苦しい戦いだっただけに、喜びはひとしおだった。

　翌年の七月一日、参議院欧米視察団の団長としてヨーロッパ各地とアメリカ訪問の旅に出、八月十三日に帰国している。また二年後にも視察団が欧米に派遣されたが、この時は特別に自費で参加した。刻々変わる世界の政治経済に直接この目で触れたいと考えた。そして前回と同様、十六ミリの撮影機を持参し、日記も毎日詳しく綴っている。

相変わらず多くの役職が正吉を待っていた。自民党東京オリンピック準備委員会副委員長や参議院決算委員長、自民党政務調査会中小企業調査会副会長などを精力的にこなした。

その後、正吉は三選目の参議院選挙ではトップ当選を果たし、昭和四十年六月三日、第一次佐藤内閣の改造人事で、国務大臣に就任して、科学技術庁長官と原子力委員長をつとめた。また四十三年四月二十九日発表の叙勲で、勲一等瑞宝章の栄誉に浴したのだった。

この頃から正吉の選挙地盤は安定してきた。以後、四選、五選とトップ当選を果たした。その間、恩給制度調査会副会長、自民党両院議員総会長などの要職を歴任する。そして昭和五十年十一月三日発表の「秋の叙勲」で、勲一等旭日大綬章に叙せられた。裁判官弾劾裁判所裁判長なども拝命している。

時は過ぎ、昭和五十五年（一九八〇）七月七日、五期目の任期満了とともに正吉は参議院議員を引退した。八十二歳であった。三十年間、遺族援護を政治家としてのライフワークと位置づけ、薬の営業で鍛えた不屈の粘りと誠実さ、そして意表をつく綿密な戦略で、こつこつと政務に励んできた。実に私心のない政治家であった。これで積年の戦没者に対する心の

「借り」を返せたと思ったのかどうか、今となっては分らない。たぶんもう高齢であることを考え、志なかばの気持ちで退いたのではなかろうか。

私心がないと言ったが、その私心のなさは、三十年間、一度たりとも自分のビジネスや薬業界の便宜を図ったことがなかった事実から、十分に窺《うかが》われる。それに加えて、気前のいい個人的な寄付である。昭和三十八年十一月三日、文化の日に郷里の杉戸町に千人収容の集会所を建設し、寄付をしたのだ。

で特筆すべきはこの資金の出所である。昭和二十五年に国会議員に初当選して以来、国から支給される歳費や諸手当を一銭も使わず、すべて銀行に積み立ててきた。このことで正吉は次のように語っている。

「歳費は、国民の血の出るような税金によって賄われたものであるから、これは一銭でも私してはいけない。何かお役に立つことに使いたい。さいわい自分は、会社から月給を貰っているので、生活費はそれで足りる。だから歳費や諸手当ははじめから全部積み立てておいた」

二期十二年間の預金は、総額千三百七十三万八千余円になっている。この元金に私費二千五百万円余りを追加して、総工費三千八百万円で鉄筋コンクリート造りの会館を建てたのだった。

昭和四十四年にも今度は埼玉県下の戦没者遺家族や傷痍軍人、軍人恩給連盟の人たちのために、「ほまれ会館」を寄贈した。ちょうど会館がほしいという声が上がっていたので、喜んで申し出た。この時も歳費、諸手当を貯金していた。貯金と自己資金に加え、埼玉県下の各市町村や遺族会支部からも拠金があり、総額七千四百五十万円の立派な会館である。

正吉が議員をやめてほぼ一年後の昭和五十六年（一九八一）六月に大正製薬会長を引退した。大正五年に入社して以来六十五年、株式会社を創立して以来五十三年間もの長きにわたって働き、今日の大正製薬を築き上げたのだった。その功績に対し、会社は退職金として十億円を贈り、同時に「名誉会長」の称号も贈った。正吉はかねてから考えていた通り、退職金全額を靖国神社に奉納することにした。

ところが税金として四億円払わねばならないことを知り、小枝とともに息子の昭二社長に相談した。

「これは困った。どうしても十億円を寄付したい」

昭二は父と母の気持ちをくんで即座に、

「自分も参加しましょう」

と言って、三億円出すことを申し出た。それに小枝の一億円も加え、きっちり合計十億円を奉納することになった。

正吉と親しかった国会議員やその選挙区有志、大正製薬幹部、埼玉県遺族会、深谷市の市

長らもこの話を聞き、

「ぜひ自分たちも加わりたい」

と賛同。その結果、計約一万人、七千四百六十万五千三百円の寄付が集まり、先の十億円と合わせて奉納されたのであった。靖国神社の松平宮司は感激し、このお金を「靖国神社上原基金」として、末長く神社運営のための基金として活用することとなった。

それら以外にも正吉は多くの社寺に奉納している。杉戸町の中央神社の本殿と拝殿を新築して奉納した。また下田市にある菩提寺の日照山向陽寺を改築献納、達磨大師を祀り、魚藍観音も祀り、梵鐘を新鋳して献納した。さらには同地の日枝神社についても本殿、拝殿、鳥居を奉納している。

ではなぜこれほどまでに進んで社寺に私財を寄付したのだろうか。それは正吉、小枝がともに神仏への崇敬の念が強かったことがあげられる。

昭二が奇跡的に大病から助かった。信じられないことが現実に起こった。そのことに、何か目には見えない絶対者の加護があったからだと、思い込んでいる。その理屈を超えた力に、有無を言わさぬ畏敬《いけい》と快い屈服を感じていたのではなかろうか。感謝の念を表さずにはおられなかったのに違いない。

そして正吉が戦没者へ一方的に抱いた心の「借り」もある。生き延びることが出来た一人の日本人として、せめてもの良心の証《あかし》として万分の一でもいいから、恩返しをしたいと考えた。

国会議員の歳費をそっくり貯金し、私財も合わせて惜しげもなく寄付をした。ここに正吉と小枝の、世俗の名誉や恩恵などをいっさい期待しない、謙虚で純真な良心の発露が見られるのである。

人間というものは権力と金力を握ると人格が変わるものだ。或る者は横暴、横柄になり、また或る者は放蕩《ほうとう》をする。偉くなったと錯覚し、人を見下《みくだ》したり、やたら自慢したがる。だが正吉と小枝にはいっさいそれがなかった。街や畑で見かける普通のおじさん、おばさんなのである。きらびやかな贅沢品は身につけていないし、とても正吉が社長や長年国会議員をやっていたとか、まさか億万長者だとかには誰の目にも映らない。

趣味もいたって平凡だ。将棋に庭いじり、カラオケ、カメラ。どれも金がかからない。ケチだからではない。庶民の楽しみが好きなのである。酒やバクチ、女にも手を出さないし、宴会も嫌いだ。生涯、ひたすら働きに働き抜くのである。そして社員七名の大正製薬を今日の大企業にまで育て上げた。

そこに一貫して見られるものがある。それは奢侈《しゃし》を退ける禁欲的な労働倫理と倫理的雰囲気、つまりエートス（勤労道徳）の存在だ。あらゆる他の事柄への誘惑や欲望を抑えて、エネルギーのすべてを天職である現実の職業、つまり世俗的職業に注ぎ込む勤勉さであり合理主義である。それがエートスなのだ。

このエートスは、マックス・ウェーバーがその著書「プロテスタンティズムの倫理と資本主義の精神」で述べている。それによると、西欧の近代資本主義はこれらの世俗内禁欲をもったプロテスタントの資本家によって形成されたのだという。アメリカでいえば、十八世紀のベンジャミン・フランクリンはその代表であろう。成功した実業家であるとともに外交官、科学者でもあった。避雷針を発明したことでも有名である。

場所と時はまったく違うが、後の時代に日本にもこのエートスをもった資本家がいた。プロテスタントではないが、与えられた薬業という天職をひたすら禁欲的に、勤勉一筋に追いかけた人物、上原正吉である。そしてその妻小枝であった。

本人たちはそんなエートスの知識をまったく持っていなかっただろうし、またマックス・ウェーバーの著書を読んでいたとも考えにくい。それにもかかわらず、西欧やアメリカから遠く離れたこの日本に、無意識のうちにエートスという資本家的精神を身につけ、成功した人物がいたのは実に興味深いことである。

9　正吉・小枝の旅立ち

社長の昭二には長女正子がいた。正吉の孫にあたる。正子は住友銀行堀田庄三会長の二男堀田明と結婚していた。明は慶応大学経済学部三年の時にアメリカへ留学し、ミズリーバレー大学、ダートマス大学経営学科大学院に学んで、慶応大学に復学したという経歴の持ち主だ。卒業後は日本電気（現ＮＥＣ）に勤めていた。

結婚後、養子として上原家に入籍し、上原明と名を改めた。昭和五十二年（一九七七）、大正製薬に取締役総務部長として入社。以後、昭二の後を継ぐ次期社長候補として、研鑽を積んでいく。そして昭和五十七年六月の株主総会で社長に就任した。そのとき父の昭二は会長に、小枝は相談役になった。正吉が会長を引退して、その後を小枝が継いで一年後のことである。

この頃から運命の黒雲が急速に正吉の背後から迫っていく。個人の意思とは無関係にひそかに寿命の幕引きが進行していた。

明が社長に就任してわずか九ヵ月後のまだ三寒四温が続く昭和五十八年（一九八三）三月

十二日の朝、正吉は入院先の東京慈恵医科大学付属病院で小枝に看取られながら、心不全で次の世界へと旅立った。

十四日の上原邸で行われた密葬に、昭和天皇は勅使《ちょくし》として卜部亮吾首席侍従を弔問に差し遣わした。その後の青山葬儀場での自民党準党葬には、政財界の重鎮をはじめ、参列者は七千余人を数えたという。

八十五年の波乱に満ちた生涯であった。明治、大正、昭和の三代を通し、正吉はその時々の歴史の過酷な瞬間、瞬間を懸命に生き、与えられた生の時間を全速力で完走した。良心の鏡に常に自分の心を映し出し、正直と誠実をモットーに、実業家として、そして政治家として二つの異なる天職を思う存分、生き抜いた。

今振り返れば、死に先立つ一連のトップ人事は駆け足を思わせる速さだが、会社の将来を思う正吉の気持ちがそうさせたのだろう。国会議員を引退して以来、まるで将棋の駒をぱちりぱちりと盤面に打つように、未来の繁栄に向けて確実な固めをしていくのである。

そしてその固めは上原一族による「世襲」という鎧《よろい》の伝統をまとい、競争の荒波へと漕ぎ出していく。その流れは平成の現代も変わらない。大企業でありながら「世襲」を守る姿勢は、一見、時代の流れに逆行しているかに見える。だが大正製薬は正吉がそうであったように、何事においても常識におもねない。むしろあえて異端とも思える道を選び、勝者への道のりを堂々と歩もうとする。

ここで一つの疑問が起こる。正吉、昭二、明、そしてその息子茂へと続く世襲の道は、果たして逆行なのだろうか。異端なのだろうか。これまでの大正製薬の歩みを見る限り、そこに答えのヒントが浮かんでくる。それは着実な発展の姿だ。これだけの巨大企業でありながら、いまだに無借金経営を貫き、大衆薬分野での日本市場トップの座を走り続けている。驚くべき経営の秀逸《しゅういつ》さではないか。

――売り家と唐様《からよう》で書く三代目
という故事がある。初代が懸命に働いて財産を築いても、三代目になると没落し、遂に家を売りに出す。しかもその売り家の札の筆跡は唐様でしゃれている。商いをおろそかにして、中国風書体などを凝って習った愚かさを皮肉ったものである。

これに当てはまる企業は数え切れないくらい多い。中小企業は言うに及ばず、時には天下の大企業にも見られるのだ。

「だから世襲経営には問題が多い」

という声が巷《ちまた》にあふれる。

経営トップに外部の血を入れることで、経営の暴走が防げるというのだ。確かにこれはもっともな意見であろう。だがはっきりしていることは、世襲でないサラリーマン社長の大企業でも、同じように不祥事は多発しているという事実だ。むしろこちらの方がはるかに多くの問題を起こしている。

古くはバブル崩壊による金融機関の倒産がある。これは不動産神話を信じ、野放図に金を貸して、そのために生じた不良債権を次々とペーパーカンパニーに付け替えた。そして粉飾決算に走り、自分の首を絞めたのだ。その浅はかで誠実さを欠いた経営活動の結果、日本長期信用銀行や山一證券等々、超一流の金融機関が相次いで倒産した。また最近では精密機械器具の世界的メーカー、オリンパスは、千億円を超える巨額損失を隠すため、長年粉飾決算を続けてきた。

これらの企業トップは皆一流大学卒で、最高の教育を受け、一応常識があるとみなされているサラリーマン社長たちなのである。それなのになぜこんな愚かな経営をしたのか。実はそこが問題なのだ。

彼らに共通していることは責任感の徹底的な欠如である。自分が会社を「経営している」という意識がまるでない。正吉が外商員たちに口やかましく言った「奉公人根性からの脱却」が出来ていず、責任を負いたくないというサラリーマン根性丸出しで社長の仮面をかぶっていた。経営に対する当事者意識が薄弱なのだ。悪事を働くのは論外として、雇われサラリーマンという安全領域に身を置いて経営を観察し、社内や外部に申し開きが出来る根拠を準備してから行動に移る。

一方、正吉の場合は自分が会社のオーナーなのだ。いや、オーナーになってからではなく、サラリーマン重役の時からすでに実践していたのだが、誰が責任を負うか、どういうふうに責任を逃れるかなどの顧慮《こりょ》は、微塵も頭にない。ただ会社を発展させるという一点で経営判断をする。だから意表をついた戦略に打って出て、いわば創業者利得とでもいうべき先人のメリットを次々と手にした。

それに何よりも決断の速さは大きな武器だった。後を継いだ昭二や明も先達の築いた企業DNAをかたくなに守り、世襲経営のメリットを最大限に引き出す努力をしている。

世襲で成功している会社は大正製薬だけではない。サントリーやユニチャーム、イオン、長瀬産業、それに久しぶりに創業家が戻ってきたトヨタ自動車など、ますますグローバルな活躍に弾みをつけている。

要は人間なのだ。世襲であろうと外部人材であろうと、関係がない。正吉が強調した「奉公人根性からの脱却」と、もう一つ加えるなら、「誠実さと正直」という人格の重要性だ。この二条件を備えた人材に、とことん困難な課題に挑戦させ、修羅場を経験させることで真の経営者が育つのである。現場でもまれていない人間にリーダーの資格はない。

だが御曹司の場合、むしろ修羅場を避けさせようとする意識が働くことが多い。そして波乱を秘めた現場より、本社の安全な場所を用意する。経歴に傷をつけないよう、取り巻き連中が無難な部署に祭り上げ、腫れ物に触るようにして大事に育てるのである。

乳母日傘《おんばひがさ》という言葉がある。乳母《うば》が外出の際に幼児に日傘をさしかけるほど大切に扱うという意味だ。こんな乳母日傘で育てられた御曹司の会社の行く末は、もはや語るまでもない。正吉がこの点に関し、細心の注意を払っていたのは、その後の後継者たちの手による会社発展の経過を見れば明らかであろう。

今日、日本が置かれた経済環境は誠に厳しい。労働年齢者層の減少化傾向に加え、グローバル化と円高は互いに作用し合い、生き死にをかけた企業の戦いはいっそう激しくなっている。勝ち上がるのか脱落するのか、一にトップの力量にかかっているのである。

その力量を考えるとき、上原正吉、今ありせば、とふと思ってしまうのだ。先の見えない混迷の時代だからこそ、正吉が持つ先見性と愚直なまでの勤勉さをフル回転させ、他社に先駆けて突き進むことが肝要なのだ。二番手は負けなのである。

それは何も経営者だけでなく、社員全員にも求められている。社長一人だけでは会社は動かない。正吉はあらゆる知恵を絞り、外商員を営業の火の玉集団に育て上げるべく、懸命に教育した。そして社員もそれに応え、一致結束して大正丸は激動の大海原を航海していったのである。

ではそのために必要な資質は何なのか。今日の経営者と社員に求められる必要な資質は何なのか。それは正吉が無意識のうちに持っていた「資本家精神」ではなかろうか。資本主義成立から数百年が過ぎたIT時代の今日だが、いや、今日だからこそ忘れていた資本家精神の「エートス」を意識的に取り戻し、ビジネスの戦場に向かわなければならない。

アメリカ式経営はマネー資本主義をもたらし、経営者を貪欲《どんよく》にした。貪欲というのは、会社繁栄と社員の生活向上への欲というよりも、むしろ自分の報酬に対する飽くなき欲望である。

ストックオプションを使ったり、好業績を理由に何十億円、いや何百億円という巨額報酬を手にする光景は日常茶飯事だ。国民の税金という公的資金を導入して立ち直った外銀の幹部たちが、その手柄を声高に叫び、濡れ手に粟の大金をせしめるニュースはもう聞き飽きた。

金融界だけではない。多くの欧米の経営者や幹部たちの道徳心は麻痺し、濁ってしまい、高報酬という貪欲な利己心の前に進んで屈服した。自分の任期中、いや、もっと厳密にはストックオプションの行使期間中に自社の株価を上げようと、超短期の経営に終始する。手っ取り早く事業を売ったり買ったりして、或いは社員を解雇したりして、見せかけの高収益を演出するのである。そして株価が上がったところでパッと持ち株を売り、巨利を懐にさっさと会社を辞めるのだ。後は野となれ山となれ、なのか。そう揶揄《やゆ》されても仕方あるまい。彼らの先祖であるプロテスタンティズム的資本家たちのエートスと、何という違いだろうか。何かが狂っている。歪んでいる。そうとしか思えない。しかもこういった歪んだ欧米の経営手法が、今や日本のみならず、グローバルスタンダードの名のもとに世界中に広がりを見せはじめている。

だがもし正吉だったら、この状況をどう思うだろうか。彼のことだ。間違いなくチャンスだと、とらえるに違いない。ビジネスの勝者になる絶好のチャンスと考えるだろう。相手がそうなら、逆に濁った道徳心を拒絶し、本来のまっとうな資本家的エートスを身につけて、経営に励めばいいからである。

どんな時代、どんな情勢であっても、正吉は世間の価値観に左右されず、常に自分の目と頭だけを信じた。そこから問題解決の処方箋を考え出し、実行した。そしてその処方箋は必ず世間の意表を突く先制パンチであり、先制であるがゆえの孤高の道を、持ち前の誠意と粘りで歩み通したのだった。その決然とした姿勢は、混沌の二十一世紀に生きる今日の経営者とサラリーマンに、一つのささやかな、しかし確実な指針を示している。

世襲について正吉がどう考えているか、少し長くなるが紹介しておこう（「商売は戦い」より）。

「……私は、同族経営の会社を、頭から悪い会社と決めつけるのは、どうかと思う。……同族会社にも長所はある。それは、独裁ができやすいということだ。もちろん、その独裁できるということが、同族会社の欠点だというのだろうが、私は、独裁を欠点だと思わない。長所だと思う。私は、商売は戦争であるという主張をもっている。商売は政治ではない。だから、丸く民主的にまとまれば、うまくいくというものではない。

戦争は、生命を賭けたものである。どうしても勝たなければならない。勝つためには、即断、即決、速攻がなくてはならない。……織田信長が、民主主義を重んじ、『桶狭間を攻めようと思うが、どうだろう』と会議にはかったら、だれも賛成しなかったであろう。……そうした独裁――つまり、即断、即決、速攻をやるには同族会社のほうがやりやすい」

今日、学生の就職状況は誠に厳しい。学内に就職浪人が生み出される一方で、多くが非正規雇用の身分でパート業務に従事せざるを得なくなっている。だが悲観することはない。見方を変えれば希望はあるのだ。何も大企業や有名企業を目指す必要はない。正吉がわずか七人の会社を選んだように、将来性を秘めた中小企業に入り、そこで懸命に働いて会社を大きくすればよいのである。この方がはるかに夢は大きい。今後はますますグローバル競争に拍車がかかり、今日の安泰企業が明日の失敗企業に転落する光景は日常茶飯事となるだろう。

大企業だから、有名企業だから安心という保証は、もはやどこにもない。グローバルを舞台にする経済の戦国時代に突入した今こそ、学生は自分の目で会社を選び、経営者を選ぶべきではないだろうか。そんな教訓を正吉は教えてくれている。

正吉には生前、気にかけていたテーマがあった。それは資源の乏しい日本が世界で繁栄していくには科学技術の振興以外になく、非力ながらも、そのための必要な側面援助をしたい、そう熱く語っていた。科学技術庁長官を務めたことが大きく影響したのだろう。

そのことを心の中に留めていた相談役の小枝は昭二会長と昭社長と相談し、昭和六十一年（一九八六）、大正製薬の創立七十周年に合わせ、「上原記念生命科学財団」を設立した。事業内容は、生命科学分野の研究への助成や研究業績に対する褒賞、研究者の派遣および招《しょう》聘《へい》などから成る。

財団の基本資産として、小枝は正吉から相続した株式のうち過半の二千万株を気前よく寄付し、さらに現金四億円も加えた。これへ昭二の寄付四億円と会社の寄付金二億円の合計十億円と二千万株でスタートし、その後、小枝、昭二、会社の出捐《しゅつえん》が何度かあった。

そして平成二十四年現在では、小枝出捐の株式四千三百万株、現金三十三・五億円の基本財産となっている。理事長は最初、小枝であったが、今は昭二が引き継ぎ、毎年、精力的に活動しているのである。

生命科学財団設立の少し前の昭和五十八年、小枝の郷里である下田市宇土金に昭二、小枝、そして故正吉の寄付により、上原仏教美術館も開館している。一木造りの仏像百二十余体等を展示する仏教美術専門の美術館である。

この家族にはこれと決めた目的のためなら、何の気負いもなしに大金を寄付する無欲の潔《いさぎよ》さがあるのかもしれぬ。

正吉が逝って十四年余りが過ぎた平成八年（一九九七）八月二十日、悲しい出来事が起こった。このところ下がり気味だった気温も本来の夏の暑さにもどるなか、小枝が八十七歳で夫の後を追って旅立ったのである。正吉より二年の長命だった。

会社の方は昭和六十一年（一九八六）六月に名誉会長となって、第一線からは退いていた。晩年、小枝は穏やかな老いの気持ちで大正製薬の成長を見るとき、遠い大阪支店時代や麻薬隠匿容疑で警視庁や内務省を駆け回ったことなど、あれこれと思い出し、当時の正吉の顔と重ね合わせながら、ひとりでに微笑みが浮かぶのだった。

時々、正吉が残した写真のスクラップを眺めては、まるで昨日のような鮮やかさで瞼に詳細を再現させ、気持ちを若返らせた。夫を支え、共に苦労した日々が懐かしく、今、横に夫がいない寂しさはあるけれど、何だか幸福な気分に満たされた。

今、夫は何をしているのだろう。見えない世界からこちらを見ているのだろうか。ふとそんなことを考え、息吹さえ耳に感じるほどの緊密さで、身近にいるような錯覚に身をまかせる日が増えた。

（もう一度、喧嘩をしてみたいな）

居間に飾った正吉の写真に向かい、いたずらっぽそうに笑いかける。夫婦仲のよさには自信はあるが、いつも仕事の話になると、意見が違ったことでよく喧嘩した。だが互いに言いたいことを言い終え、結論が出たら、後はすっきりしたものだ。感情の対立があったことなどケロリと忘れ、他愛のない話に花を咲かせた。

（またいつか夫に会える）

変なことだが、このところそう思うのが一つの楽しみになっていた。将棋も指してみたいと思う。結婚前、夏の暑い夕暮れに庭の床机に座り、団扇《うちわ》で蚊を追い払いながら指した頃のことを思い出す。急いで会いに行く必要はないけれど、その時が来るのも悪くない。そんな余裕が意識の底をゆっくりと流れている。

会社の行く末にはあまり心配をしていない。後顧の憂いがないといえば嘘になるが、昭二が会長として、そして明が社長として、文句のつけようがない経営手腕を見せてくれているからである。

夫にも兄にもいい報告が出来そうで、老いの肩の荷が降りた気分でいる。明るい土産話をどっさり持って、訪れたいものだ。そんなことを考えながら、ソファーでつい心地よい居眠りに落ちるのだった。

そして時が過ぎ、平成八年（一九九六）八月、蝉の鳴き声が合唱となって暑い空間をうずめるなか、小枝は静かに逝った。

小枝が去ってから三年後の平成十一年、昭二は下田市の上原仏教美術館の横に、私財を投じて上原近代美術館を建設した。正吉、小枝夫妻は日本画の鑑賞と収集を好んだ。昭二も若い頃からその影響を受けて美術鑑賞を趣味とし、特に西洋近代美術に興味をもち、収集してきた。これらをすべて寄贈して開館したのだった。

個人のコレクションのため、多くは小品だが、ルノワール、セザンヌ、マティス、ピカソ等の西洋近代美術絵画のほか、川合玉堂、伊東深水、梅原龍三郎、安井曽太郎等の絵画や彫刻なども展示されている。

美術館は山間《やまあい》に広がる大空を背にして建つ堂々たる和風建築で、その前に正吉と小枝の等身大の二倍ほどの銅像がある。文化勲章受賞者の富永直樹が彫っている。

昭二は何を考え、この設計をしたのだろう。両親の菩提寺があるこの静かな地で、お疲れ様でしたと、ゆっくり休んでほしいと願ったのか。それともまだここに立って、営業に明け暮れた日々を思い出し、訪れて来る人たちを出迎え、案内する仕事を期待しているのか。

　そして、そこから歩いて十分ほどのところに大正製薬関連会社の下田セントラルホテルがある。一階と二階の廊下、中庭などに大小五十二匹ものヒキガエルがでんとはべっていて、訪れる人たちの現世での幸せを願い、「財をひき、客をひき、幸運をひく」と記されている。ヒキガエルに擬して歌う諧謔《かいぎゃく》的な正吉と小枝の明るい声が聞こえてくるようだ。（了）

以下の文献を参考にさせていただきました。有難うございました。（順不同）

上原正吉と大正製薬（大正製薬株式会社　徳間書店）
商売は戦い（上原正吉　ダイヤモンド社）
あせらず無理せず背伸びせず（上原昭二　大正製薬株式会社広報室）
大正製薬80年史（大正製薬株式会社）
伝記上原正吉（岩淵辰雄・木村毅　洋々社）
波濤を越えて（小俣行男　現代史出版会）
上原正吉伝（真鍋繁樹　かんき出版）
月刊ニューリーダー　二〇〇四・三〜二〇〇五・一二（真鍋繁樹　はあと出版）
上原近代美術館コレクション（財団法人上原近代美術館）
「上原昭二とコレクション」（財団法人上原近代美術館）
ウィキペディア

本書は、２０１２年に出版した書籍を、
ソフトカバー化したものです。

著者略歴

1941年生まれ。大阪府立天王寺高校を経て、大阪市立大学経済学部卒後、川崎重工業入社。営業のプロジェクトマネジャーとしてプラント輸出に従事、二十世紀最大のプロジェクトといわれるドーバー海峡の海底トンネル掘削機を受注し、成功させる。後年、米国系化学会社ハーキュリーズジャパンへ転職。同社ジャパン代表取締役となり、退職後、星光PMC監査役を歴任。主な著書に 、『この国は俺が守る』『凛として』『我れ百倍働けど悔いなし』『龍馬が惚れた男』『サムライ会計士』（以上、栄光出版社）、『ドーバー海峡トンネルを掘れ」（エコハ出版）、ビジネス書 『総外資時代キャリアパスの作り方』（光文社）、『アメリカ経営56のパワーシステム』（かんき出版）などがある。

大正製薬上原正吉とその妻小枝《さえ》

令和五年七月二十日　第一刷発行

著　者　仲《なか》俊《しゅん》二《じ》郎《ろう》

発行者　石澤三郎

発行所　株式会社　栄光出版社

〒140-0002　東京都品川区東品川1の37の5

電　話　03（3471）1235

FAX　03（3471）1237

検印省略

印刷・製本　モリモト印刷㈱

乱丁・落丁はお取り替えいたします。

ISBN 978-4-7541-0185-5